리더십 인사이트

LEADERSHIP INSIGHT

비즈니스 능력과 리더십 역량을 높여주는

리더십

LEADERSHIP INSIGHT

인사이트

마이클 앤드류 지음 | **정규보** 옮김

GASAN BOOKS

당신도 CEO가 될 수 있다

이 책은 비즈니스와 리더십에 꼭 필요한 통찰력insight을 다룬다. 이 통찰력이 당신을 상당한 성과를 내는 리더로 만들어 줄 것이다. 상식에 바탕을 둔 실천적 통찰력은 두 부문으로 나누어진다. 하나는 효과적으로 리더십을 발휘하기 위한 대인관계 능력(CEO는 어떻게 행동할까)이고, 다른 하나는 비즈니스 사고방식과 리더의 관점(CEO는 어떻게 생각할까)이다. 이 두 가지는 조직에서 지속적으로 성과를 내야 하는 당신의 역량 강화와 실적에 영향을 미칠 것이다.

따라서 비즈니스에서 성공하기 위한 실제적이고 상식적인 통찰력을 원한다면, 이 책을 읽어라. 또한 성공한 리더가 되는 데 필요한 몇 가지 행동 원리와 CEO의 사고방식을 알고 싶으면, 이 책만큼 재미있고 유익한 것은 없을 것이다.

이 책을 쓰기 위해 비즈니스와 리더십의 최신 경향을 주목해왔다. 그러면서 지금까지의 비즈니스와 리더십 관련 서적이 개념적, 이론적인 것에 그치거나 리더십 또는 비즈니스 전략 어느 한쪽에 초점을 맞추고 있다는 것을 알게 되었다. 그래서 이 책은 되도록 실용적인 관점에서 비즈니스와 리더십을 적절하게 혼합하도록 애썼다. 다시 말해서 이 책은 리더십과 사람 관리뿐만 아니라 재무, 전략, 실행 방안도 풍부히 다루고 있다.

나는 지식인이나 학자가 단순히 이론으로만 전달하는 것이 아닌 다년간 비즈니스 현장에서 터득한 통찰력과 실제적인 활용법을 당신에게 알려주고자 한다. 실제적이라는 말은 성공하기 위해 일상 업무에 절대적으로 유용한 것 또는 이와 관련된 것을 뜻한다.

지난 30년 간 몇몇 대기업에서 컨설턴트로 일한 경험과 리더십 연구소장으로 일한 경험을 바탕으로 이 책을 썼다. 이 책은 전 세계 3만 명 이상의 전문가 및 경영자와 함께 일한 경험의 결과이기도 하다. 사적인 비즈니스 경험과 공적인 비즈니스 사례가 결합된 실례를 제공하기 때문에 각 장은 쉽고 빠르게 읽을 수 있다.

차례 contents

🛡️ 이 책의 구성

1부

1부는 대인관계를 효과적으로 맺고자 하는 사람이 일상에서 실천할 수 있는 대인관계 스킬과 리더십 행동, 그리고 리더십 통찰력에 초점을 맞추고 있다. 큰 조직에 속해 있든, 작은 조직에 속해 있든, 고위 임원이든, 말단 직원이든 여러분은 이 책에 담겨 있는 리더십 통찰력에 고개를 끄덕일 것이다.

이런 행동과 리더십 통찰력을 일상에서 적용하다 보면 어느덧 당신은 조직 내에서 다른 사람과 차별화될 수 있을 것이다. 일상적인 비즈니스의 리더십뿐만 아니라 대인관계 기술에도 적용된다는 점에서 이 책에 소개된 리더십 통찰력은 특별한 의미가 있다.

각 장에는 특별한 리더십 통찰력이 설명되어 있다. 나는 각 장을 블록 쌓듯이 한 장이 다음 장에 연결되도록 신중히 배열했다. 모든 장이 유기적 관계를 맺고 있어서 각 장은 다른 장과 연결되어 있고, 서로 관련되어 있다.

예를 들면 01 '사람 : 사람은 따뜻하게, 문제는 냉정하게 다루어라'는 02 '관심 : 진심으로 관심을 가져라'와 연결되어 있고, 02는 01과 연결되면서 03 '경청 : 하고 싶은 말을 양보하라' 및 그 밖의 부분과 연결되어 있다. 요컨대 1부의 어느 부분을 읽으면 그 개념을 앞이나 뒤에 나오는 부분에 적용할 수 있다.

2부

2부는 상식적인 관점에서 비즈니스를 이해하기 쉽게 설명한다. 따라서 비즈니스 능력을 향상시키고 리더의 관점을 계발시키는 비즈니스 스쿨에서 무엇을 가르치는지 알기를 원하는 사람에게 큰 도움이 될 것이다. 당연히 경영자뿐만 아니라 신입사원에게도 유익하다.

나는 의도적으로 17 '승리 : 가차없이 실행하라'부터 2부로 잡았다. 17은 1부의 리더십과 연결되어 있고, 전략 실행Strategy

Execution과 비즈니스적인 사고Business Thinking의 중요성을 소개한다. 2부는 모두 실행에 대해 다룬다. 그러나 실행에는 효율적인 리더십이 필요하다. 특히 20과 21은 실행에 초점을 맞추고 있다.

2부의 목적은 비즈니스 사고를 길러주고 실천적이며 상식적인 방법으로 리더의 관점을 계발시키는 데 있다. 19는 수준이 있는 비즈니스 스쿨에서 가르치는 것을 다루고 있어 CEO 통찰력을 향상시키기에 좋다.

마지막 몇 부분은 특히 '자산으로서의 사람'에 주목한다. 이 부분들은 인적자원Human Resource(HR)을 약간 비판적으로 다룬다. 나는 HR이 전략적으로 인적자본을 계발하는 기능을 하는 것으로 받아들여지고 또한 그런 방향으로 발전해야 한다고 생각한다. 벌써 그렇게 되어 가고 있는 조직도 있다.

비즈니스에서 앞으로도 변하지 않을 한 가지 사실은 사람이 여전히 가장 중요한 자산이라는 것이다. 두 가지 이유에서 사람, 곧 인적자본이 가장 중요한 자산이 될 것이다.

첫째, 인적자본은 전체가 부분의 합보다 더 커질 가능성이 있는 '유일한' 자산이다.

둘째, 유형자산(소유물, 공장, 장비 같은 것)이 시장에서 회사가치의 척도 역할을 하던 과거와 달리 오늘날에는 지식(재능 같은 무형자산)이 회사의 시장 가치에 큰 영향을 미치고 있다.

1부과 2부의 관련성

이 책은 의도적으로 리더십과 비즈니스를 주제로 잡았다. 탄탄한 대인관계를 유지하고 성과를 올려 성공하기를 원하고 자신을 차별화시키려면 당신의 비즈니스 재능에 만족하고 확신하는 한편 개인적인 리더십 스킬을 발휘해야 한다. 비즈니스에서는 당신이 속한 조직의 업무 및 문화와 연관된 대인관계 역량과 리더십 스킬을 보여주는 것이 중요하다.

리더십 스킬과 비즈니스 재능은 여러 가지 면에서 보완관계에 있다. 리더십은 비즈니스(업무)에 실제로 적용되어야 한다. 이런 점에서 나는 리더십과 비즈니스라는 주제를 같이 다루었다. 동료보다 먼저 성공하려면 자신의 리더십 스킬과 비즈니스 재능을 둘 다 발전시켜야 한다.

질문

각장 끝에는 그 장에서 다룬 개념에 대한 당신의 생각을 심화시키도록 응용 질문이 실려 있다. 어떤 장에 특별히 공감이 간다면 그 장에서 다룬 개념을 더욱 깊이 생각해 볼 것을 권한다. 그러면 학습 효과가 더욱 커질 것이다.

인용구

각장 앞머리에는 내용과 관련 있는 인용구를 실었다. 나는 의도적으로 인생의 모든 부문에서 인용구를 골랐다. 미국의 작가이자 시인이며 철학자인 랄프 왈도 에머슨의 말을 인용한 것도 있고, 잭 웰치, 워렌 버핏, 헤럴드 지닌, 헨리 포드 같은 비즈니스 리더의 말을 인용한 것도 있고, 사첼 페이지 같은 야구 선수의 말을 인용한 것도 있다.

또한 비즈니스 리더이자 고위 관료인 로버트 맥나마라(케네디 대통령과 존슨 대통령 정부에서 국방장관을 역임하고, 포드의 CEO를 지냈다)의 말을 인용한 것도 있고, 중국 속담을 인용한 것도 있다. 워런 베니스, 톰 피터스, 켄 블랜차드, 스펜서 존슨 같은 리더십 전문가의 말을 인용한 것도 있고, 대니 토머스 같은 배우의 말을 인용한 것도 있다.

또한 요다와 같은 허구 인물의 말을 인용한 것도 있고, 전 CBS CEO 윌리엄 페일리나 독일의 영화감독 빔 벤더즈 같은 엔터테인먼트 분야 거장의 말을 인용한 것도 있다. 프랭크 맥키니 허버드 같은 코미디언의 말을 인용한 것도 있고, 노자나 페트로니우스의 말을 인용한 것도 있으며, 프랜시스 베이컨 같은 르네상스 시기의 철학자 말을 인용한 것도 있다.

이들의 말은 모두 비즈니스와 리더십에 관련 있을 뿐만 아니라 여러 가지 점에서 인생을 살아가는 데 좋은 지침이 될 수 있다.

마이클 앤드류

Part 01

리더의 역량을 강화시켜주는
리더십 인사이트

사람은 따뜻하게 대하고 문제는 냉정하게 대하는 것은 비즈니스에만 국한되지 않는다. 이것은 사람과의 관계에서 인격과 관련된 문제이다. 사람은 따뜻하게 문제는 냉정하게 대하는 것은 다른 사람을 통해 성과를 지속적으로 올리고, 목표를 달성하는 실천적 방법이다.

Act Like a Leader

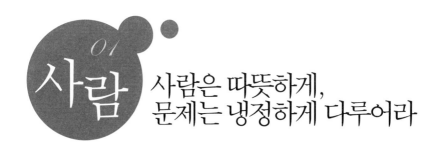

사람
사람은 따뜻하게, 문제는 냉정하게 다루어라

> "자신을 다룰 때는 머리를 쓰고, 남을 다룰 때는 가슴을 쓰라."
> – 엘리노어 루스벨트, 전 미국 퍼스트레이디

　퓰리처상 수상작인 하퍼 리Harper Lee의 〈앵무새 죽이기〉를 읽어 보았다면 주인공 애티커스 핀치Atticus Finch 변호사가 어려운 문제를 해결하는 데 남다른 능력을 가지고 있었다는 것을 기억할 것이다.

　20세기 초 미국 남부의 흑인을 대변하던 변호사 핀치는 마을 주민들의 경멸적인 반응에 부딪혔다. 그러나 핀치는 솔직하고 침착하게 문제를 풀어나갔다. 핀치는 자기 생각에 동의하는 사람이든 반대하는 사람이든 간에 한결같이 따뜻하고 공손하게 대하면서 문제를 해결했다. 반대하는 사람들이 아우성쳐도 핀치는 피고와 그 가족뿐만 아니라 이들 반대자까지 공경하는 마음으로 대했다.

1980년대 초 보수적인 공화당 출신 로널드 레이건Ronald Reagan 대통령과 진보적인 민주당 출신 하원의장 팁 오닐Tip O'Neil은 공공연히 대립한 적이 있다. 두 사람은 싸우고 말다툼하기 일쑤였지만, 서로 훌륭한 친구로 여기고 매우 공경하는 마음으로 대했다. 두 사람은 문제는 냉정하게 대했지만, 상대방에게는 따뜻하게 대했다.

사람은 따뜻하게, 문제는 냉정하게 다루어라. 이 둘은 서로 모순되지 않는다. 실제로 둘 다 할 수 있다. 왜 이것이 중요할까? 사람도, 문제도 냉정하게 다루면 무엇을 얻을까? 여러분이 싸움이나 논쟁에서 이기려면 어떤 대가를 치러야 할까? 어떤 문제에 대한 당신 생각이 100퍼센트 옳다 하더라도 사람을 냉정하게 대하면 얻는 것이 무엇일까?

사람을 공경하는 마음으로 대하는 것은 그 자체로 옳은 일이다. 흥분하지 않고 문제를 해결할 수는 없을까? 이것은 외교적 수단으로 효력을 발휘한다. 사람을 따뜻하게 대한다는 것은 무슨 뜻일까? 팔을 잡는다거나 '다정하게' 껴안는다는 뜻이 아니라, 다른 사람을 존경하는 마음으로 대하고 자존심을 살려준다는 뜻이다. 이를테면 길을 가르쳐줌으로써 여행할 마음이 내키게 하는 것과 같다.

한 고객한테서 이런 말을 들은 적이 있다. "마이클, 당신은 자신의 재능을 우리한테 보여주었습니다. 당신은 자신의 네트워크와 인맥을 이용해 일을 훌륭하게 잘 해냄으로써 우리를 위해 홈런을 쳐줄 것이라는 말을 행동에 옮겼습니다. 그러나 우리는 당신의 통찰력을 이용하여 지금껏 보여준 능력 이상의 것을 보고 싶었습니다. 당신은 그것을 하지 않았습니다. 우리는 그것을 기대하고 있습니다." 이 말을 듣고 나는 무척 당황스러웠다. 고객의 기대를 미리 알아채지 못한 내 자신이 한심스러웠다.

그러나 곧바로 고객이 기분 상하지 않게 의견을 제시해주어 내게 기대하는 것 이상을 해주어야 하겠다고 마음먹었다. 사실 나는 고객이 의견을 제시해준 것을 고맙게 생각했다. 그것은 나한테 도움이 되었고, 나는 그것을 잊은 적이 없다. 이후 이 고객이 다른 회사로 옮길 때까지 우리 두 사람의 비즈니스 관계는 계속 이루어졌다. 또한 세계적으로 유명한 컨설팅 회사 고위 임원 6백명을 대상으로 하는 다른 프로그램을 준비할 기회를 내게 마련해 주었다.

이와 달리 사람도, 문제도 냉정하게 다루어야 할 때가 있다. 특히 어떤 사람이 여러 가지 상황에 대해 경고를 받은 경우에는 더욱 그렇다. 그러나 이런 경우에도 당신은 솔직해질 수 있고, 문제나 행동에 초점을 맞추면서 그 사람을 품위 있게 대해 줄 수 있다. 그러면 상대방은 당신이 전하는 메시지를 분명히 알아들을 것이다.

도리스 컨즈 굿윈Dorris Kearns Goodwin은 〈권력의 조건: 에이브러햄 링컨의 정치적 재능Team of Rivals: The Political Genius of Abraham Lincoln〉이라는 책을 썼다. 이 책에서 도리스는 링컨이 문제는 냉정하게, 사람은 따뜻하게 다룬 사례를 소개하고 있다. 링컨은 함께 일한 장군이나 장관은 물론이고 일반 시민까지도 품위 있고 허심탄회하게 대하였다. 이것이 링컨의 가장 중요한 리더로서의 자질이었다. 나라가 내란에 빠지고 장군들도 기대한 만큼 움직여주지 않고 장관들조차 성심껏 보필해주지 않는 절박한 시기에도 링컨은 관대한 리더십을 잘 보여주었다.

가족, 친구, 동료, 직원과의 대인관계가 중요한가, 아니면 호텔 직원, 패스트푸드점 직원, 주유소 직원 등 잠시 스치는 사람과의 대인관계가 중요한가 하는 문제는 중요하지 않다. 결국은 문제는 있는 그대로 곧 냉정하게, 사람은 존경심을 가지고 따뜻하게 대하는 것이 매우 중요하다는 것이다.

사람은 따뜻하게 대하고 문제는 냉정하게 대하는 것은 비즈니스에만 국한되지 않는다. 이것은 사람과의 관계에서 인격과 관련된 문제이다. 사람은 따뜻하게 문제는 냉정하게 대하는 것은 다른 사람을 통해 성과를 지속적으로 올리고, 목표를 달성하는 실천적 방법이다.

대인관계나 비즈니스에서 곤경에 처했다고 생각해 보자. 어떻게 하면 사람은 따뜻하게, 문제는 냉정하게 다룰 수 있을까?

02 관심
진심으로 관심을 가져라

"뇌는 심장을 닮았다. 이 둘은 인정하는 곳으로 간다."
– 로버트 맥나마라, 전 미국 국방장관

　사람은 따뜻하게, 문제는 냉정하게 대하려고 할 때는 진심으로 그렇게 하는 것이 중요하다. 남의 말을 경청하는 사람이 되고 싶다든가, 능숙하게 피드백을 제공하고 싶다든가, 털어놓고 대화하고 싶을 때는 당신이 얼마나 관심을 가지고 있고 얼마나 진심으로 그것을 원하는지 다른 사람에게 보여주는 것이 꼭 필요하다.

　테디 루스벨트Teddy Roosevelt는 "당신이 얼마나 관심을 가지고 있는지를 상대방에게 제대로 표현하기 전까지는 당신이 얼마나 알고 있는지에 관심을 가지고 있는 사람은 아무도 없다."라고 말한 적이 있다. 정말 대단한 통찰력이 아닌가.

리더십 책을 여러 권 쓴 인기 저술가 존 맥스웰John Maxwell도 이런 메시지를 전파한 사람으로 알려져 있다. 말과 행동으로 모든 것을 보여주면 사람들은 당신이 얼마나 유식하고 자기 분야(의사, 변호사, 엔지니어 등)에 얼마나 정통한지 알고서 존경할지도 모른다. 그러나 사람들은 당신이 진심으로 그들에게 관심을 가지고 있는지를 알면 더 오랫동안 당신을 기억할 것이다.

나는 이것이야말로 마틴 루터 킹 주니어Martin Luther King Jr., 로버트 F. 케네디Robert F. Kennedy, 마더 테레사Mother Theresa, 노먼 슈워츠코프Norman Schwarzkopf 장군이 남긴 진정한 유산이라고 생각한다. 슈워츠코프 장군이 인터뷰하는 것을 본 기억이 지금도 생생하다. 이 4성 장군이 병사들에게 이야기할 때는 얼마나 마음에서 우러나는 관심을 보였던지 눈물마저 글썽거렸다.

당신이 상대방에 대해 진심으로 관심을 가지고 있다는 것을 알 때에 비로소 신뢰에 바탕을 둔 인간관계가 만들어지기 시작한다. 비즈니스에서는 신뢰에 바탕을 둔 인간관계가 발전되고 지속되면 성공의 길에 접어들게 된다.

인간관계, 특히 신뢰를 바탕으로 하는 인간관계는 성공과 다름 아니다. 최장수 미국 증권거래위원회 위원장이자 기업인인 애서 레비트 주니어Arthur Levitt Jr.는 "원하는 기술과 힘은 모두 가질 수 있다. 그러나 기본적인 신뢰가 없으면 다 헛일이다."라고 말한 적이 있다.

데일 카네기Dale Carnegie는 그의 저서에서 이렇게 말한 적이 있다. "2년간 다른 사람이 당신에게 관심을 가지게 하려고 노력할 때보다 2개월 간 당신이 다른 사람에게 관심을 보여줄 때 친구가 더 많이 생긴다." 나는 이 말에 공감한다. 당신 자신이나 당신의 생활, 일 또는 가족에 진심으로 관심을 보여준 사람이 두세 명이라도 있는지 잠시 생각해 보라.

나는 즉시 몇 사람을 떠올릴 수 있다. 공교롭게도 이들은 하나같이 삶과 비즈니스에서 성공한 사람이었다. 이들을 생각할 때 나는 이들이 시간을 내어 진정한 관심을 보여줌으로써 나를 얼마나 알게 되었을까 하고 생각해 본다. 이것에서 배운 교훈은 나에게 지속적으로 영향을 미치고 있다.

얼마나 관심을 가지고 있는지 남에게 보여주면 덤으로 당신도 배울 수 있다. 다른 사람 또는 이들의 생각에 관심을 보이는 것은 신뢰를 쌓으면서 문제 해결책을 배우는 확실한 방법이다.

끊임없이 배우는 것이 회사뿐만 아니라 당신에게도 좋은 일이라는 것은 말할 것도 없다.

얼마나 관심을 가지고 있는지 보여주는 방법

다른 사람에게 관심을 보인다는 것은 쓸데없이 시험하거나 계속해서 질문한다는 말이 아니다. 다른 사람에 대해 진심으로 알고 싶어 하고 주의를 기울인다는 말이다.

당신에게 큰 영향을 미친 사람을 생각해 보라. 이 사람의 어떤 점이 아직까지 당신에게 공감을 불러일으킬까? 똑똑한 사람이어서 그럴까? 열정을 내뿜는 사람이어서 그럴까? 예리한 분석력 때문일까? 단호한 결단력 때문일까?

나의 아버지는 의사였다. 나는 아버지가 실력 있는 의사였다고 믿는다. 고등학교 다닐 때 수업을 마치고 병원에 들르면 아버지께서 환자와 이야기하는 중이어서 로비에서 기다려야 했던 적이 몇 번 있었다. 나는 이런저런 이야기를 듣곤 했는데 주제는 환자에게 중요한 것이었다. 환자와 인간적 관계를 잘 맺은 덕분에 아버지께서는 의사로 성공할 수 있었다.

얼마나 관심을 가지고 있는지 남에게 알려주는 것은 관심과 주의를 보여주는 것에 그치지 않고, 인생에서 가장 중요한 기술인 '경청'과도 관련이 있다.

당신에게 큰 영향을 미친 사람을 생각해 보라. 그 사람의 어떤 점이 아직까지 당신에게 공감을 불러일으킬까?

03 경청 하고 싶은 말을 양보하라

"자기 의견이 많을수록 그만큼 적게 보게 된다."
– 빔 벤더즈, 독일의 영화감독

누가 나에게 가장 중요한 리더십 기술이 무엇이냐고 묻는다면 나는 단연코 '경청'이라고 대답할 것이다. 왜냐하면 경청은 비즈니스나 리더십 기술이 아니라 인생을 살아가는 데 없어서는 안 될 기술이기 때문이다. 경청은 가장 중요한 학습 방법이기도 하다. 훌륭한 경청 기술을 응용하지 않고는 이 책에 나오는 어떤 통찰력도 효과를 발휘하기 어렵다.

베스트셀러 〈성공하는 사람들의 일곱 가지 습관The Seven Habits

of Highly Effective People〉의 저자 스티븐 코비Stephen Covey는 '다른 사람을 먼저 이해하고 난 다음에 자신을 다른 사람에게 알리는 것'을 일곱 가지 습관 중 하나로 꼽았다. 간단하면서도 탁월한 경청 '기술'을 원한다면 코비 박사의 이 말을 기억하기만 하면 된다.

효과적인 경청은 대화 중에 하고 싶은 말을 양보하는 것과 관련이 있다. 마음은 말하는 속도보다 훨씬 빨리 작용한다. 다른 사람이 이야기할 때, 우리 마음은 전속력으로 움직여 다음 말을 예상하거나 답을 준비하게 마련이다. 누구나 경험하는 바이지만, 우리는 다른 사람이 생각을 말로 다 나타내기도 전에 대응하고 싶어 한다. 그것은 뇌의 놀라운 능력이기도 하다.

이제 우리가 해야 할 것은 기다리는 능력, 즉 하고 싶은 말을 양보하는 능력을 개발하고 훈련해야 한다. 다시 말해서 항상 주의를 기울이고 있다는 것을 다른 사람에게 보여주어야 한다.

경청은 사생활이나 직장생활에서 어려움을 벗어나게 해주는 데 필요한 한 가지 기술이다. 설명하지 않고 경청함으로써, 주장을 내세우지 않고 경청함으로써, 변명하지 않고 경청함으로써, 반대하지 않고 경청함으로써, 그리고 더 많은 정보를 조사하고 귀를 기울임으로써 나는 말을 듣고 있다는 것을 다른 사람에게 알려줄 수 있었다.

자기 말을 듣고 있다는 것을 사람들은 어떻게 알까? 말을 바꾸어서 물어보자면 '당신은' 다른 사람이 당신 말을 듣고 있다는 것(또는 듣고 있지 않다는 것)을 어떻게 알까? 다음과 같은 것은 다른 사람이 당신 말을 듣고 있지 않는 몇 가지 예가 될 수 있다.

- 무언가 중요한 말을 하는 데도 컴퓨터 자판을 두드리거나 이메일을 읽고 있는 경우
- 무언가 중요한 말을 전달하고 있는 데도 시계를 보거나 문으로 뒷걸음질 치고 있는 경우
- 중요한 생각을 전달하는 데도 노트를 뒤적이고 있는 경우
- 중요한 말을 하려고 하는데 새 메시지를 확인하려고 휴대폰을 보고 있는 경우

이런 예는 얼마든지 들 수 있다. 중요한 것은 정도의 차이는 있겠지만, 누구나 다른 사람이 자기 말을 듣고 있는지 아닌지 구별할 만큼 똑똑하다는 것이다. 심지어는 내가 기르는 개 두 마리도 자기 말을 들어주는지 아닌지 금방 알아차린다. 그러므로 다른 사람이 자기 말을 들어준다는 것을 아는 것만큼 힘이 되는 것은 없다.

효과적으로 경청하기 위해서 필요한 것

다음은 '적극적인' 경청에 대한 것이다.

- 경청은 귀로 하는 것이지만, 사람들은 눈빛이나 몸짓을 보고 경청하고 있는지 않는지를 알아차린다.
- 고개를 끄덕이는 것, 주시하는 것, 몸으로 맞장구치는 것 등 몸짓은 얼마만큼 경청하는지 보여준다.
- 메시지를 되받아서 말하면 당신이 '알아듣고 있다'는 것을 보여줄 수 있다("제대로 알아듣고 있는지 알고 싶습니다." "기계를 업그레이드하면 2년이나 더 쓸 수 있다는 말입니까?").
- 상대방의 우려하는 어조나 흥분한 어조를 따라하면 메시지를 이해하고 있을 뿐만 아니라 그 말이 상대방에게 얼마나 중요한지도 알고 있다는 것을 보여줄 수 있다("와! 새로운 일에 정말 관심이 많으시군요." "당황해 하는 이유를 잘 알겠습니다."). 어조를 따라 한다는 것은 말뿐만 아니라 감정까지 이해한다는 뜻이다.
- 말뜻을 분명히 해주는 질문을 한다("그게 사실입니까?" "그건 무슨 뜻입니까?" "예를 들어 주십시오.").

몇 년 전 계약서를 작성해 달라는 부탁을 고객한테 받은 적이 있다. 원래 그 고객과 일하던 컨설턴트는 내가 만난 사람 중에서 가장 훌륭한 리더십 컨설턴트였다. 그는 명문 MBA에서 강의하고 있었을 뿐만 아니라 사례 연구가로서도 최고 권위자였다. 솔직히 나는 그 컨설턴트보다 실력과 명성 면에서 뒤떨어진다고 할 수도 있었다.

어쨌든 그 컨설턴트 대신 계약서를 작성해 주었고, 고객은 계속 나한테 의뢰하기로 했다. 물론 처음에는 그 컨설턴트와의 우정 때문에 고객의 부탁을 거절했다. 그 고객은 사정을 이해한다고 하면서도 굳이 다른 사람보다 나를 선호했다. 내게 계속 의뢰하려는 이유를 묻자 그 고객은 "나는 경청해 주는 사람을 원합니다. 그런데 당신은 적극적으로 경청해 주었습니다. 당신은 내 말도 경청할 뿐만 아니라 다른 사람 말도 경청합니다."라고 말했다.

정말 기뻤다. 간단하지만 기본적인 기술을 보여줌으로써 나는 그 일을 계속 맡아줄 컨설턴트로 선임되었다. 이것은 경청의 힘이 얼마나 큰지 잘 보여준다. 그 고객은 나의 단골이 되었다.

속담을 좀 바꾸어 말하자면 "귀가 둘이고, 입이 하나이니 이 비율로 귀와 입을 사용해야 한다."

아는 사람 중에 남의 말에 귀를 가장 잘 기울이는 사람은 누구인가? 그 사람은 어떻게 해서 그렇게 잘 경청하는 사람이 되었을까? 그 사람의 대인관계 기술을 어떻게 보는가?

04 질문 엉뚱한 질문을 하라

"성공한 경영자는 질문의 달인이다."
— 워런 베니스, 남캘리포니아 대학 교수

대학 시절에 나는 스포츠를 매우 좋아했다. 스포츠가 학교 공부보다 더 중요했다. 그래도 공부에 바친 적은 노력에 비하면 성적은 괜찮은 편이었다. 나의 자아 개념은 다른 학생들과 다를 바 없었다. 그런데 MBA를 준비하면서 상황이 달라졌다.

어느새 내가 이 소중한 목표를 달성하기 위해 비즈니스 관련 서적을 읽고 있는 것을 알았다(나는 직장에 다니면서 3년간 저녁에 MBA 준비를 했다). 사실 책을 읽는 것이 중요하기는 다른 학우들도 마찬가지였다. 나는 좋은 성적으로 MBA를 취득해야 하겠다는 목표를 염두에 두고 비슷한 목표를 가진 다른 학생들과 경쟁했다. 그때 깨달은 바가 있었다. 졸업하려면 평균 B학점을 받아야 한다는 것과 성실한 학생들과 경쟁하면서 실제로 내가 매우 똑똑한 학생이라는 것을 알았다.

왜 그런 생각이 들었을까? 답은 간단하다. 내 능력을 끄집어냈던 것이다. 나는 MBA를 취득한다는 목표를 달성했다. 아니, 사실은 이 여행을 즐겼다. MBA가 가져다준 가장 중요한 교훈은 '엉뚱한 질문을 해야 한다는 확신을 준 것'이었고, 이 교훈은 지금도 여전히 유효하다. 그리고 직장에 다니면서 비슷한 목표를 가진 재능 있는 학생들과 경쟁하던 대학원 시절에 내가 생각보다 똑똑한 사람이라는 것을 분명히 알게 되었다.

여러 해 동안 우리는 업무상 모임을 많이 가졌다. 나는 새로 느낀 확신 속에 모임에 참석했다. 나는 적어도 다른 사람만큼 똑똑한 사람인데도 모임에서 이해하지 못하는 것이 있다면 한 가지만 하면 되었다. 다시 말해서 엉뚱한 질문을 해야 한다는 확신을 이용하는 것이었다. 배우 피터 포크Peter Falk가 배역을 맡은 콜롬보Columbo는 현명하게도 엉뚱한 질문을 잘 했다.

나는 통찰력 넘치는 질문을 잘 하기로 정평이 났는데, 사실이 질문은 엉뚱한 질문이었다. 때로는 너무 엉뚱한 질문이어서 사람들이 "좋은 질문이야!" "완벽한 질문이군!"이라고 비꼬기도 했다. 나중에 통찰력 넘치는 질문으로 판명되는 것은 대개 엉뚱한 질문이었다. 일상생활이나 직장생활에서 얻은 교훈을 여러분에게 말하라면 '엉뚱한 질문을 하라' 는 것이다.

나는 수많은 매니저와 전문가에게 재무finance를 가르치면서 엉뚱한 질문 이야기를 했다. 사람들이 재무를 정말 어려워한다는 것을 잘 알고 있다. 그래서 2부에서 재무를 다룬다. 예를 들면 매니저들에게 "ROI가 무슨 뜻입니까?"라고 물으면, 대부분 답을 알고 있었다. 이들은 "투자수익return on investment 입니다." 라고 대답하였다. 나는 "맞습니다."라고 말했다. 그러고는 "투자수익이란 무슨 뜻입니까?"라고 물었다.

누군가 모임에서 프로젝트 또는 투자수익 이야기를 하면 멍하니 앉아 있는 사람이 많다. 내 경우도 마찬가지였다. 야심에 찬 리더든, 전문가든 "ROI가 무슨 뜻입니까?"와 같은 엉뚱한 질문을 하려고 하지 않는다. 나는 이런 질문을 실제로 했다.

수년 전 어떤 모임에서 리더에게 ROI가 무슨 뜻이냐고 물은 적이 있다. 그는 머리 둘 달린 괴물 보듯이 나를 쳐다보더니 "투자수익이란 뜻입니다, 마이클."라고 대답했다. 나는 "알고 있습니다. 그런데 투자수익은 어떻게 측정합니까?"라고 물었다. 그는 대답하지 못했다.

이런 엉뚱한 질문을 해야 사람들이 ROI에 다른 뜻도 있다는 것을 알게 된다. ROI는 순자산수익, 자산수익, 내부수익률, 투자자본수익 등을 의미할 수도 있다.

두려워하지 말고 엉뚱한 질문을 하라. 그러면 사람들이 고맙게 여길 것이다. 솔직히 말하면 엉뚱한 질문은 모르는 것을 이해하게 해주는 데 크게 도움이 된다. 또한 내용을 깊이 생각하게 하고 청중이 무슨 생각을 하고 있는지 이해하게 해주기 때문에 파트너에게도 도움이 된다.

좋은 질문을 위한 팁

1. 질문을 목표와 연결하라.
2. 개념을 실천적, 실용적 수준으로 끌어내린 질문을 하라.(예를 들면 큰 그림에서 실천적 세부사항으로 끌어내리는 것)
3. 적극적으로 경청하라. 깜짝 놀라게 하는 질문을 받을지도 모른다.
4. 통찰력 넘치는 질문은 '만약에 ~하면' 이라는 말로 시작되는 경우가 많다.
5. "그래서요?"라는 되물어라.
6. 미리 준비를 해 와서 질문을 이끌어내라.

요령 있게 질문을 잘 하는 사람을 생각해 보라. 그 사람은 어떻게 해서 질문을 잘 할까? 어떤 점에서 그 질문이 좋은 질문일까?

05 문제해결 다른 사람을 움직여라

"사람들은 논리나 원칙이 아니라
신념이나 열정으로 다른 사람을 설득하려고 든다."

　사람을 움직이는 기술은 인류의 역사에서 인간에게 꼭 필요한 것이었다. 물론 독재체제 하에서는 사람을 움직이는 기술을 발전시킬 필요가 없을지도 모르고, 비효율적인 조직 문화에서는 지도자가 권력을 이용하여 일을 처리할 수도 있다.

　오늘날 경제 흐름은 과거보다 훨씬 더 역동적이다. 수직적 위계조직 시대는 가고, 수평적 위계조직 시대가 왔다(《세계는 평평하다The World is Flat》의 저자 토마스 프리드먼이 말하는 수평적 세계). 네트워킹과 이를 바탕으로 한 조직이 보편화되고, 멀리 떨어진 곳에서 일하는 것이 일반화되었다.

휴렛패커드와 선마이크로시스템즈는 세계 각국 사람으로 구성된 팀과 조직으로 이루어진 회사의 예이다. 이런 곳에서는 다른 사람을 움직이는 데 필요한 문제점이 다를 수밖에 없다. 당신에게 직접 보고하지 않는 사람, 그러면서도 당신이 의존해야 하는 사람을 움직이는 것은 가장 어려운 문제 중 하나가 되었다.

우리는 사람들이 스스로 마음대로 선택할 수 있는 세상, 즉 최소의 노력을 하든지 아니면 최대의 관심을 보이든지 선택할 수 있는 세상에 살고 있다. 나는 중요한 문제에 대해 다른 사람을 움직여야 할 필요가 있을 때마다 '머리, 가슴, 손'을 생각하고, 이것을 함께 사용해야 한다는 것을 알았다.

1. 머리 : 생각하고 이해하는 것을 통해 다른 사람을 움직이려고 할 때 논리나 원칙을 이용하는 경향이 있다. 또 그렇게 하도록 교육받고 있다. 논리(상식)와 원칙을 이용하는 것은 좋은 일이다. 그러나 이것 자체는 중요한 것을 해결하는 만병통치약이 될 수 없다. 따라서 논리와 원칙은 가슴과 함께 사용해야 한다.

2. 가슴 : 어떤 사람이나 집단에 중요한 것, 가치 있는 것을 호소할 때 사용한다. 이것은 'WIIFM' (What's in it for me; 그것이 나한테 무슨 의미가 있을까?) 원리이다. 어떤 사람이나 팀에 소중한 것을 호소하는 것은 그 사람이나 조직에 사적으로 중요한 것과 관련이 있다. 따라서 논리나 원칙 등을 다른 사람에게 중요하다고 하는 것을 함께 사용하면서 세 번째 기술을 사용해야 한다.

3. 손 : 행동을 위해 협력할 때, '머리', '가슴'과 함께 사용하면 다른 사람을 움직일 수 있다. 상대방을 움직임으로써 어떤 결정이나 접근 방식에 합의를 도출할 수 있다. 그 결과로 당신과 상대방은 어떤 결정과 접근 방식을 위해 협력하게 된다. 두 사람이 상황을 더 잘 이해하여 함께 노력하므로 실행 가능성이 더 커진다.

머리, 가슴, 손을 이용하는 예

A. 대통령 선거운동 : 대통령 후보자들이 선거운동 기간 내내 무엇을 하는지 생각해 보라. 첫째, 중요 이슈에 대한 자신의 견해와 입장을 뒷받침해줄 논리, 논거, 원칙을 정립한다. 둘째,

논리, 논거, 원칙을 넘어 유권자들이 관심을 가지고 있는 것('축구, 모성, 실업')에 호소하는 방법을 다각화한다. 셋째, 유권자의 마음을 얻기 위해 유세를 벌이면서도 공개 토론회 같은 협력적 방법을 사용한다.

B. 유명 보험회사 : 나는 세계적인 보험회사에서 컨설턴트로 일한 적이 있다. 내가 맡은 일은 고위 임원 6명이 새 환경에 잘 적응하도록 전략적 리더십 프로그램을 개발하고 실행하는 것이었다. 이 회사는 CEO의 지시로 몇 차례 공개 토론회를 열어 직원과 함께 새로운 환경에 대해 터놓고 토론을 했다. 직원들과 협력하고, 논리, 논거, 원칙을 이용하여 소통하고, 이것이 직원과 회사에 얼마나 이익이 되는지 밝힘으로써 이 회사는 발빠르게 새로운 업무 환경에 적응하여 도약의 발판을 마련했다.

C. 컨설턴트의 역할 : 언젠가 거래 기회를 잡기 위해 유망한 고객에게 몇 가지 제안을 했다. 그런데 다시 생각해 보니, 이 제안이 해결책이나 계획과는 동떨어진 논리와 논거로 가득 차 있다는 것을 알았다. 그래서 내 제안을 수정하여 계획이 중요한 이유와 이 계획이 회사의 전략적 과제, 비즈니스 문제점, 목표, 발전에 필요한 조직의 능력, 고려해야 할 문화적 연관성과 어떤 관련성이 있는지를 제시하였다. 이 과정에서 고객과 협력

해 좋은 결과를 낼 수 있었다.

계획을 실행하기에 앞서서 상대방이 적극적으로 도와주어야만 해결할 수 있는 중요한 문제를 생각해 보라. 어떻게 다른 사람을 움직일 것인가?

논리, 논거, 원칙, 사실, 데이터를 이용할 것인가? 문제 해결이 상대방에게 중요하고 도움이 된다는 것을 인식하도록 마음에 호소할 것인가? 아니면 행동에 협력할 것인가?

용기
솔직한 사람이 되라

06

"내가 알고 있는 유일한 실제적 방어 수단은 문제에 정면으로 부딪치고
문제를 직시함으로써 얻는 기민함이다."
– 대니 토머스, 배우

GE의 전 회장 잭 웰치는 베스트셀러 〈위대한 승리Winning〉의 한 장을 할애해 솔직함이라는 주제를 다루었다. 웰치는 솔직함을 '비즈니스에서 가장 중요한 작은 비밀'로 생각했다. 이 책에서 웰치는 솔직함이 성공에 꼭 필요한 이유를 몇 가지 설명한다. 나는 솔직함이 리더의 정직함과 관련되어 있다고 생각한다.

솔직하다는 것은 '사람은 따뜻하게, 문제는 냉정하게 다루는' 것과 관련이 있다. 솔직해지려면 용기가 있어야 한다. 리더십은 용기와 관련된 경우가 많다. 민감한 의견을 내놓거나 껄끄러운 대화를 나누려면 용기가 필요하고, 과감히 결단을 내릴 때도 용기가 있어야 한다. 실수를 인정하는 데도 용기가 필요하고, 진취적인 도전을 하는 데도 용기가 있어야 한다.

옳은 일을 하는 데도 용기가 필요하고, 어려움에 처해서 품위를 잃지 않으려면 용기가 있어야 한다. 일상생활에 나타나는 당신 성격 중에서 보이지 않는 것, 예컨대 솔직함이 결국 정직하게 비즈니스를 하게 만든다.

리더라면 누구나 솔직해야 한다. 솔직하면 득을 본다. 내가 말하는 솔직함이란 품위를 잃지 않는 방식으로 나타내는 것이다. 솔직함은 조직 내의 모든 사람이 인정하고 존경하는 것이다. 여기서 용기가 문제 된다. 사람들과의 관계에서 솔직해지는 것 그리고 일관되게 솔직해지는 것에는 용기가 필요하다.

당신에게 말하기 어려운 메시지를 전달하는 것이 껄끄러워서 누군가 전화를 하지 않을 때가 얼마나 많을까? 당신도 몇 번이나 그렇게 했을까? 여기서 누군가를 비난하려고 하는 것은 아니다. 솔직해진다는 것은 대다수 사람들에게 쉬운 일이 아니다. 왜냐하면 우리는 서로 존경하고 친절히 대해야 한다고 교육을 받으며 자랐기 때문이다. 어떤 면에서 보면 솔직하지 않다는 것은 본질적으로 남을 존경하지도 않고 친절히 대하지도 않는다는 것이다. 앞에서 예를 든 전화 이야기는 솔직함에만 관련되지 않고 예의 전체에 관련된 것이다.

좋은 소식일 때는 전해주기가 쉽다. 좋은 소식을 전해주는 사람은 기분이 좋다. 그러나 업무는 업무다. 리더는 리드하는 대가로 보수를 받는데 다른 사람을 리드하기란 쉽지 않다. 솔직하다는 것은 정직하다는 것을 말한다. 분명히 말하면 사람들은 그 메시지는 좋아하지 않을지 몰라도 당신의 정직함은 고맙게 여길 것이다.

스티븐의 용기

내가 만난 스티븐은 헬스케어 산업의 벤처 회사 CFO(최고재무책임자)이자 COO(최고운영책임자)이다. 스티븐은 몇 년 전 다른 회사에서 근무할 때 있었던 실화를 나에게 들려주었다.

스티븐은 작은 기업체의 CFO로 있을 때 경력이 많은 한 사람을 관리인으로 채용하려고 했다. 자질구레한 업무에 매달리지 않고 비즈니스에 전념하도록 도와줄 사람이 필요했기 때문이다. 스티븐은 의도적으로 큰 회사에서 일했던 사람을 채용했다. 큰 회사가 돌아가는 모습을 알 수도 있고 갓 출범한 회사를 잘 관리해줄 수 있다고 생각했기 때문이다.

그 사람은 기술적인 면에서는 나무랄 데가 없었다. 그러나 몇 달이 지나자 그 사람을 채용한 명분이 퇴색했다는 것을 알았다. 왜냐하면 스티븐이 직접 업무를 처리할 때보다 시간을 더 많이 빼앗겼기 때문이다.

처음에는 적응하는 데 좀더 시간이 걸리겠지 하고 생각했다. 알고 보니 그 사람은 스티븐이 아무리 일찍 출근해도 항상 먼저 회사에 와 있었다. 또한 스티븐이 아무리 늦게 퇴근해도 그 사람은 그때까지도 남아 있었다. 분명히 스티븐보다 몇 시간 더 일을 했다. 스티븐도 다른 사람 못지않게 열심히 일하는 것을 높이 평가하지만, 이 경우에는 멈출 줄 모르는 붕괴를 보고 있다는 것을 알았다.

스티븐은 인간적으로는 이 사람을 좋아하게 되었다. 그의 가족에 대해서도 알게 되었고, 같이 알고 지내는 사람도 몇 명 있었다. 거기다가 공교롭게도 사촌이 그 사람 옆집에 살고 있었다. 그렇지만 사람을 바꾸어야 한다는 것을 알았다. 둘이 앉아서 이야기를 시작할 때 스티븐은 동정적으로 말하려고 했으나 결국은 숨김없이 말하고 말았다.

스티븐은 회사 일이 지금 제대로 돌아가지 않는다고 말하고 나서 그 사람이 재능 있는 회계 전문가이기는 하지만 우리 회사 환경에 잘 적응하지 못하고 있다고 말해주었다. 열심히 일하는 것이 전부는 아니라고 말했다.

스티븐은 그 사람이 크게 반발하리라고 생각했다. 뜻밖에도 그 사람은 스티븐 말에 전적으로 동의했다. 그 사람은 스티븐이 재능과 지식을 인정해주고 높이 사준 것을 알고 안도하는 것이 분명했다. 그 사람은 자신의 일처리 스타일이 스티븐 회사 문화와 맞지 않는 것이 문제라는 데 동의했다.

면접할 때는 자신감에 차 있던 전문가가 이제 패배자가 되어 스티븐 앞에 앉아 있었다. 그 사람은 새 직장을 구하면서 몇 주 내로 하던 일을 마무리하고 스티븐은 후임자를 찾기로 하는 선에서 인수인계 문제를 매듭지었다.

솔직한 태도로 사람은 따뜻하게, 문제는 냉정하게 다루어야 한다. 스티븐은 회사와 자신을 위해 나쁜 상황을 해결했고, 그 사람은 자신감을 되찾았다. 두 사람은 서로 이로운 해결책을 실행했다. 그 사람은 마음의 평정을 잃지 않았고, 새 직장(큰 회사로 되돌아갔다)을 구한 뒤에도 스티븐과도 자주 만났다. 스티븐은 15년 전 그 경험에서 배운 교훈을 잊은 적이 없고, 그 덕분에 더 나은 리더가 되었다는 것을 잘 알고 있다고 하였다.

내가 잘 알고 리더십 컨설팅 회사는 사람 다루는 '핵심 원리'에 치우쳐 있다. 이들 회사는 '사람의 자존심을 살려준다'는 핵심 원리를 일관되게 실행하고 있지만, 솔직함을 보여주는 것은 소홀히 하고 있다. 말만 그럴듯하게 하기는 쉽다. 껄끄러운 대화에 직면해서는 솔직함과 용기가 필요하다.

CEO는 흔히 "직원이 최대의 자산입니다."라고 말한다. 최대의 자산은 마땅히 대접받아야 하는데 그 대접은 존중해주고 솔직하게 대하는 것에서 비롯된다. 마음에서 우러나지 않는 친절은 소용없다. 문제를 정면으로 부딪치는 것을 망설여서는 안 된다. 정면으로 부딪쳐라. 그래야 리더다운 리더가 된다.

내 친구인 회계 전문가 마크 망가넬리는 이렇게 말했다. "될 수 있는 대로 빨리 문제에 부딪쳐라. 그래야 아무짝에도 쓸모없는 두려움에 사로잡히지 않는다. 빨리 부딪칠수록 문제가 빨리 해결되고, 그만큼 성취감을 맛보게 된다."

솔직한 토론을 하기 전에 지켜야 할 몇 가지 팁을 소개하기로 한다.

1. 당신의 견해나 결정에 유익한 이슈나 비즈니스 원칙에 대한 사실을 수집하라.
2. 당신이 결정한 것을 다른 사람의 자존심이나 품위를 손상시키지 않은 채 명확히 나타내라.
3. 다른 사람의 견해를 경청하고 이해할 마음의 준비를 갖추

어라.

4. 원칙, 비즈니스 상황, 다른 사람에게 돌아갈 이익 같은 것을 가능하면 분명히 밝혀라.

5. 다른 사람의 견해를 이해하고 존중할 뿐만 아니라 그 사람도 존중하고 있다는 것을 분명히 보여주라.

6. 앞에서 말한 것처럼 사람은 따뜻하게, 문제는 냉정하게 다루어라.

솔직해야 할 필요가 있는 경우를 생각해 보라. 당신은 어떻게 솔직함을 보여주려고 하는가?

07 피드백 성과를 높이는 첫 번째 방법

"피드백은 챔피언의 아침식사이다."
– 켄 블랜차드, 철학박사 · 스펜스 존슨, 〈1분 경영〉 저자

사람이 발전하는 데 필요한 첫 번째 방법이 피드백이라는 것은 분명하다. 아이들이 태어난 날부터 얻는 피드백을 생각해 보라. 아이들은 말하기 시작할 때 또는 서투르게 걸음마를 시작할 때 긍정적인 피드백을 얻는다. 어린아이에게든, 어른에게든 피드백은 신뢰에 바탕을 둔 관계를 쌓는 과정의 일부이다.

왜 피드백이 사람이 발전하는 첫 번째 방법일까? 피드백은 관찰 가능한 성과에 바탕을 두고 있다. 뛰어난 운동선수, 배우,

화가, 음악가, 리더는 성과를 끊임없이 올리기 위해 피드백에 의존한다. 누구나 행동함으로써 잘 배울 수 있고, 피드백이 주어지면 더욱 잘 배울 수 있다.

축구, 야구, 농구, 하키, 미식축구의 청소년 교육 프로그램을 생각해 보라. 성과를 격려해주고 피드백해주는 코치 없이 이 아이들이 혼자서 훈련하고 플레이한다고는 아무도 생각하지 않을 것이다. 이것이 발전하는 데 가장 중요한 것이다. 발전은 아이에게도 적용되고, 어른에게도 적용된다. 또한 당신 조직의 모든 사람에게도 적용된다.

몇 년 전 나는 세계적으로 유명한 컨설팅 회사에서 컨설턴트로 일한 적이 있다. 이 회사는 컨설턴트, 매니저, 파트너 등 전 직원에게 매일 피드백을 해줌으로써 오늘날과 같은 세계적 기업이 되었다. 예를 들면 이 회사는 회의가 끝나면 모든 관련자에게 피드백을 해주었다.

그 결과 컨설턴트는 자신이 현재 어떤 상황에 있고, 무슨 일을 하고 있으며 앞으로 어떤 일을 해야 하고, 무엇을 발전시켜야 할지 잘 알고 있었다. 다시 말해서 무슨 일을 해야 하고 무슨 일을 해서는 안 되는지 잘 알고 있었다.

피드백해주는 방법

피드백해주는 데는 솔직함이 필요하다. 그 밖에 필요한 것으로는 다음과 같은 것이 있다.

1. '이슈 또는 성과'에 초점을 맞추고, 사람에 초점을 맞추지 마라.(행위를 비판하고, 사람을 비판하지 마라).
2. '당신 자신의 말을 하라.' 다시 말해서 '당신이' 보고 들은 것을 말하라. 다른 사람의 생각을 말하지 마라. 예를 들면 '내가 보건대' '내 생각에는' 처럼 '나' 라는 단어를 사용하라.
3. 행동이나 성과가 관찰되면 '바로' 그렇게 하라.
4. 관찰된 행동이나 성과를 '구체적으로' 이해하라.
5. 그 행동이 당신, 다른 사람, 상황에 미친 '영향' 또는 '충격'을 명확히 이해하라.
6. 그 사람이 달리 행동할 수 있는 방법을 '제시'해 주어라.
7. 사람은 따뜻하게, 문제(관찰된 행동)는 냉정하게 다루어라는 것을 잊지 마라.
8. 이런 것들도 피드백해주는 방법이다. ("회의 중에 내가 관찰할 것은 …", "그것이 내게 미친 영향은 …", "내가 하고 싶은 제안은 …")

나는 매우 유능하고 성과를 중시하는, 성공한 리더 피터 머큐리를 알고 있었다. 피터는 컴팩컴퓨터 글로벌 서비스 총괄 매니저였다. 피터는 입버릇처럼 "훌륭한 매니저는 문제를 확인하고, 위대한 매니저는 해결책을 제시한다."라고 말했다.

같은 맥락에서 좋은 것과 발전 가능성이 있는 것을 지적하는 것, 앞으로 무엇을 어떻게 할 것인지 제안하는 것은 중요하다. 발전책을 제시하는 것은 리더인 당신이 다른 사람에게 줄 수 있는 커다란 선물이며, 피드백은 관찰된 행동과 성과에 초점에 맞추어야 한다.

피터는 자신이 사장한테서 받은 피드백에 대해 나와 함께 이야기를 나눈 적이 있다. 그 사장은 피터에게 이렇게 말했다고 한다. "피터, 자네는 피드백에 대해 단호하지 못하고, 솔직하지 못해. 나와 이야기를 나눈 사람은 하나같이 자네가 훌륭하다고 해. 하지만 자네 행동이 균형을 잃고 있어서 나는 좋게 볼 수 없네. 자네는 피드백에는 적극적이지만, 성과에 대한 피드백은 기대만큼 하지 않고 있네." 피터는 몇 년 전에 있었던 이 피드백을 아직도 생생히 기억하고 있었다. 또한 사장의 피드백을 고맙게 여기고 있다.

피드백을 받는 것을 어떻게 보는가?

피드백해주는 것에 대해서는 관련된 글도 많고, 또 사람들도 강조를 한다. 그러나 피드백을 받는 방법에 대해서는 대개 소홀히 한다. 지속적으로 자신을 발전시키고 향상시키기를 원하는 훌륭한 리더는 피드백에 굶주려 있게 마련이다. 큰 회의에서 30분간 프레젠테이션을 하거나 연설을 하고 나면 당신이 얼마나 잘했고 다음번에는 어떻게 하면 좋을지 누군가 피드백을 해 주었으면 하는 생각이 들지 않는가?

피드백을 받는 방법

피드백을 받는 일반적인 방법 몇 가지를 소개하기로 한다.

1. 피드백을 선물로 생각하라. 누군가 시간을 내고 위험을 감수하면서 당신에게 피드백을 해준다는 것을 잊어서는 안 된다. 자신은 보지 못하지만 다른 사람에게는 보이는 단점이 누구에게나 있다. 예를 들면 내가 20대 후반이었을 때 문제의 핵심을 이해하려고 하지 않고 사소한 문제에 매달리는 경향이 있다고 누군가 피드백해준 적이 있다. 많이

나아지기는 했지만, 나는 지금도 이런 경향이 있음을 알고 회의에서 말할 때 내 스타일을 바꾸려고 노력하고 있다.

2. 다른 사람이 말할 때 중단시키거나 반대하거나 설명하지 말고 귀담아 들어라. 당신 의견을 말할 기회는 나중에 오게 마련이다.

3. 피드백을 받은 것을 고맙게 여겨라(피드백을 해준다는 것은 그 사람이 당신 편이고 당신이 발전하는 것을 보고 싶다는 뜻이다).

Tip

사무실 밖으로 나가서 '현장경영(MBWA; Management By Wandering Around)'을 실행하는 것과 '직원들이 제대로 일하고 있는지 파악하는 것'은 피드백해 줄 기회를 만드는 한 가지 방법이다. 'MBWA'는 돌아다니며 관리한다는 뜻으로, 톰 피터스가 〈초우량 기업의 조건 In search of Excellence〉에서 사용하여 유명해진 말이다. '직원들이 제대로 일하고 있는지 파악하는 것'은 켄 블랜차드가 〈1분경영〉에서 사용한 말이다.

다른 사람의 행동 또는 성과를 관찰한 것을 토대로 진심에서 우러나는 피드백을 적극적으로 해줄 기회를 잡아라.

08 혁신 한 발 앞서 나가라

"뒤돌아보지 마라. 그러면 조금이라도 득이 될 것이다."
– 사첼 페이지, 위대한 야구 선수

나는 수백 명의 CEO와 전문가에게 그들의 리더십 역할에 영향을 미치는 이슈에 대해 가르쳤다. 한 가지 분명한 것은 다른 사람과 차별화하기 위해서는 의식적으로 한 걸음 앞서려고 노력해야 한다는 것이다. 한 걸음 앞서 나간다는 말은 흔히 하는 말로 '눈에 띈다는 것'이고, 미리 행동한다는 것이고, 준비한다는 것이다.

발전 속도와 분야는 사람마다 다르다. 사실 조직 내에는 엔지니어링 재능, 기술 재능, 리더십 재능, 법률 재능, 금융 재능 등 여러 가지 재능을 가진 사람이 있다. '모든 조직에 이런 재능 있는 사람이 있다면 이 재능을 생산적이고 성과지향적인 것으로 만드는 최상의 방법은 무엇일까?' 프로젝트, 업무, 경쟁, 주주의 관심 등에서 한 걸음 앞서 나가면 두각을 나타낼 수 있을 것이다.

매니저나 CEO와 대화를 나누어 본 결과 나는 이들이 어떤 문제가 관심을 끌거나 드러날 때, 이 문제를 처리한다는 것을 알았다. 당연한 일이다. 프로젝트가 지지부진하거나 내부 파트너나 외부 파트너가 문제에 조치를 취해줄 것을 요구하거나 고객이 정당한 불평을 하면 매니저는 문제를 처리할 수밖에 없다 (어떻게 처리하느냐는 것은 또 다른 문제이다).

중요한 것은 어려운 문제를 처리하는 것이 필요할 때나 마지막 수단이 될 때는 누구나 그렇게 할 수 있다는 것이다. 대다수 매니저도 그렇게 한다. 언제나 한 걸음 앞서 문제를 처리하는 사람이야말로 리더십을 보여주는 사람이다.

성공적인 판매조직이나 판매원은 고객의 의사결정 과정에 한 걸음 앞서 나가도록 비즈니스를 해야 한다. 이 과정에 앞서기 위해 성공적인 판매원이 할 수 있는 일들이 있다. 예를 들면 일관된 노력, 인간관계 형성(판매에 초점을 맞춘 것이 아니다), 고객을 기쁘게 해주는 뜻밖의 서비스 제공 같은 것이 있다.

당신은 판매원이 고객 반응 방법의 각 단계를 기다리고 있다고 생각하는가? 판매원은 영원히 기다리고 있을지도 모른다. 고객이 알아차리기도 전에 능숙한 판매원은 계획을 세우고 한 걸음 앞서 행동함으로써 고객이 구매하도록 한다. 이것이야말로 판매원의 생명선이다.

리더도 매일 같은 과정을 따라야 한다. 불필요한 문제가 생기기 전에 미리 과정을 관리하라. 문제는 언제나 생기게 마련이다. 나는 불필요한 문제를 최소화할 것을 제안한다. 그렇지 않아도 당신에게는 처리해야 할 문제가 산적해 있기 때문이다. 혁신이란 시장에서 한 걸음 앞서 나가는 것을 말한다. 고객은 자신이 원하는 것을 분명히 드러내지 않을 때도 있다.

여러 해 전 워크맨을 개발한 소니와 현재 히트 치고 있는 아이팟, 아이폰을 개발한 애플은 시장 수요를 확인하고 분명히 읽어냈다. 이것은 큰 기업이 한 걸음 앞서 나가서 혁신적이고 성공적인 제품을 대량으로 생산한 예이지만, 앞서 나가는 것은 당신 같은 리더의 일상 업무에도 적용된다.

딘 카멘이 발명한 전동 스쿠터 세그웨이Segway가 생각난다. 내가 한 말과 카멘의 업적을 근거로 당신은 카멘이 시장 수요를 미리 읽어냄으로써 몇 년 앞서 이런 차를 개발해낼 수 있었다고 단언할 수 있을 것이다.

내가 어떤 회사의 부서장으로 있었을 때, 우리는 다른 회사가 여러 해 동안 요구해온 지불 청구 문제를 솔직하게 다루었다. 우리는 문제를 처리하기 위해 회의 소집을 요구했다(그것은 우리 문제였지, 그들 문제가 아니었다. 그들이 매년 우리한테서 돈을 받아갔기 때문이다). 우리는 청구가 정당하지 않다고 생각했고, 몇 년 전에 우리에게 떠맡겨진 약속, 즉 우리와 무관한 거래관행에 따른 청구라고 생각했다. 그 회사는 문제를 토론할 회의 소집에 동의했다. 그러나 흥미롭게도 그 회사는 시간을 내지 못했다. 그 회사는 자주 회의를 연기시켰다. 그들로서는 서두를 필요가 없는 것이 분명했다.

마침내 우리는 한 걸음 앞서 나가는 방법으로 이 과정을 미리 주도하기로 결정했다. 우리는 지불 액수를 낮추는 것을 합리화하고 정당화할 자체 모델을 만들었다. 그 결과 합리적이고 건전한 사례를 확립했다. 이 새 과정은 지금도 유효하고, 덕분에 회사는 거기에 들어가는 돈을 다른 부문에 생산적으로 쓰게 되었다.

비즈니스 문제에서 기회에 앞서 나간다는 것은 정보를 입수하기 위해 노력한다는 것을 말한다. 내가 대기업 리더십 연구

소장을 처음으로 맡았을 때, 업무를 효율적으로 수행하기 위해서는 회사의 전략을 이해해야 한다는 것을 알았다. 그때 이 회사는 '비전 2000'을 전략으로 내세우고 있었고, 이에 따라 7가지 도전과제를 실행하고 있었다.

나는 몇 번 회의를 열고 개별적으로 조사에 착수한 지 하루 만에 회사 전략을 충분히 이해했다. 덕분에 나는 이 전략과 관련이 있고 회사가 7가지 도전과제를 실행할 기회를 늘이는 데 초점을 맞춘 방법으로 연구소를 이끌어갈 수 있었다. 그런데 회사 비전과 7가지 도전과제를 이해하지 못하는 부사장과 이사 그리고 전문가가 많다는 것에 나는 정말 놀랐다.

이것은 다른 회사의 경우도 마찬가지였다. 회사의 전략을 충분히 이해하려고 하지 않는 고위 리더가 많다는 사실에는 지금도 놀라움을 금하지 못한다. 그런 노력을 하지 않고도 어떻게 직원들에게 회사의 가치를 설명할 수 있을까?

당신을 한 걸음 앞서 나가게 하는 데 도움이 되는 상황, 프로젝트, 비즈니스 문제를 생각해 보자. 한 걸음 앞서 나가기 위해서 어떤 것에 신경 쓰고 무엇을 배울 것인가?

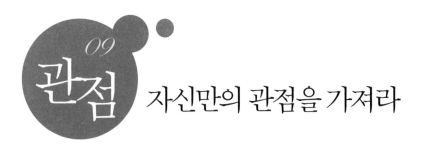

09
관점　자신만의 관점을 가져라

"경영자란 신속히 결정을 내릴 수 있는 사람이다."

– 프랭크 맥키니 허버드, 저널리스트

　중요한 이슈에 대해 회사만의 관점point of view을 가지려고 많은 회사가 맥킨지나 보스턴 컨설팅 그룹과 같은 유수한 컨설팅 회사에 많은 돈을 지불하는 것으로 알고 있다. 이들 회사는 하루 만에 회의를 열어 결론을 내지 않는다. 이들은 연구하고 또 연구한다. 사실에 입각한 명확한 관점을 전개하기 위해 문제를 깊이 파고들어 많이 연구한다. 문제를 깊이 파고들 시간이 당신에게 늘 충분히 주어지지 않는다는 것도 알고 있다(이것이 컨설팅 회사가 존재하는 이유이다).

그러나 사실에 입각한 관점을 전개하기 위해 주어진 시간 내에 될 수 있는 대로 깊이 파고들어야 할 책무가 있다. 이것이 결단력이 필요한 이유이기도 하다. 앞장에서 말했듯이 당신은 언제나 결단력 있는 리더로 보인다. 각 분야에서 존경을 받는 사람(축구 감독, 야구 감독, 의사, 변호사, 컨설턴트, CEO, 슈퍼바이저)은 결단력이 있고, 관련된 사실과 정보에 입각한 관점을 가지고 있다.

어떻게 하면 자신만의 관점을 가질 수 있을까? 매우 간단하다. 문제를 조금 연구하여 준비하기만 하면 된다. 내가 '조금'이라고 말한 데 주목하라. 그렇다고 조금만 준비하라는 말은 아니다. 관점을 가진다는 것은 앞장에서 말한 '한 걸음 앞서 나간다'는 것을 말한다. 관점을 개발하는 데는 장기간의 철저한 분석이 필요할지도 모른다. 그러나 연구할 시간을 조금만 내면 되는 경우도 있다.

"시작이 반이다."라는 말이 있다. 여기서 '시작한다'는 말은 모임을 준비하는 것을 말한다. 준비를 하면 확고하고도 통찰력 넘치는 관점을 쉽게 가질 수 있다. 비즈니스에 종사하는 사람은 확고한 견해 또는 관점, 다시 말해서 결단력을 소중히 여긴다.

나는 얼마나 많은 사람이 필요한 리포트나 지난 회의 의사록을 읽지 않고 회의에 참석하는지, 주제를 생각해 보지도 않고 회의에 참석하는지 알고 깜짝 놀란 때가 한두 번이 아니다. 학교에서는 학생이 A학점을 받았다면, 그 이유는 과제를 제대로 해오기 때문이라고 확신한다. 이들은 준비를 해가지고 학교에 간다. 그 외에는 별도로 노력을 조금 더할 뿐이다. 같은 습관이 비즈니스에도 적용된다.

시간을 좀더 내어 과제를 미리 준비한 후 회의에 참석하면 다른 사람보다 몇 걸음 앞서게 될 것이다. 준비하는 데는 20분이면 충분하고, 이 20분만큼 값진 투자는 없다. 준비를 해서 다른 사람보다 몇 걸음 앞서면 인정을 받을 것이다.

비즈니스에서 A급 선수는 학교에서 A학점을 받는 학생과 다를 바가 없다. 둘다 준비를 해서 온다. 계속 준비를 못하게 되면('바쁘다'는 것은 핑계가 될 수 없다) 회사에서 원하는 인재가 못 될지도 모르고, 업무에 제대로 적응하지 못할지도 모른다. 자기 일을 사랑하거나 몸담고 있는 비즈니스를 사랑하면 늘 준비를 해가지고 오게 되어 있다.

맡은 업무의 성질, 예컨대 산업, 경쟁, 전망, 시장, 전략 또는 목표, 조직을 잘 되게 하는 방법에 대해 당신이 가지고 있는 세 가지 관점을 명확히 확인하라.

리더십 도와주는 리더가 되라

> "가장 훌륭한 리더는 자신을 드러내지 않는 리더이다. 리더가 할 일을 마치고 목표를 달성했을 때 사람들이 "이 일은 우리가 해냈다."라고 말하게끔 해야 한다."
> − 노자, 고대 중국의 철학자

리더라고 해서 답을 다 알고 있거나 해결책을 모두 가지고 있는 것은 아니다. 리더는 구원하러 오는 영웅을 의미하지 않는다. 카스리마가 넘치면 좋지만, 꼭 카리스마가 넘쳐야 하는 것도 아니다. 리더십이란 과정을 도와주고, 다른 사람의 견해를 수렴하도록 도와주고, 팀이나 조직의 실행을 도와주는 것이다. 리더인 당신은 어깨의 무거운 짐을 떨쳐버리고 다음과 같은 것이 잘 돌아가도록 도와주어야 한다.

- 목표와 전략의 실행

- 조직의 성공

- 다른 사람이 내는 성과

- 팀의 성공

- 프로젝트와 담당 팀의 성공

- 효율적이고 생산적인 회의

- 변화의 주도

- 조직의 성과

- 직원이나 팀원의 개인적 발전과 경력 발전

- 조직 내외의 관계

- 자녀의 성장과 발전

앞에서 언급한 피터 머큐리는 현재 HP 부사장이다. 나는 피터가 컴팩 컴퓨터 글로벌 서비스 총괄 매니저로 일할 때 같이 근무했다. 피터는 리더의 임무가 도와주는 것이라고 굳게 믿고 있었다. 피터에게 도와주는 것이란 자극하는 것, 경청하는 것, 관찰하는 것, 격려하는 것, 명확히 하는 것, 요약하는 것을 말한다.

피터는 내게 이렇게 말한 적이 있다. "다른 사람 의견을 억누를 수 있고 필요한 인풋을 강제할 수 있다고 자네 의견을 강요하지 말게. 직원들에게 간섭하지 말게. 한 걸음 물러서서 자네 의견을 양보하게. 그렇게 하면 더욱 똑똑한 사람이 될 것이고, 더 많은 의견에 귀를 기울이면 자네 지위가 더욱 확고해질 걸세."

나는 어떤 것을 통해 상대방을 도와줌으로써 내 리더십 능력을 보여 줄 수 있을까?

섬김 기꺼이 섬기는
사람이 되라

> "내가 아는 사람 가운데 진정으로 행복한 사람은
> 모두 남을 섬길 줄 아는 사람이었다."
>
> – 앨버트 슈바이처, 의사

내 고향 매사추세츠 주에는 이임 주지사가 후임자에게 줄 개인적 메시지를 쓰는 전통이 있다. 2007년 1월 이임 주지사 미트 롬니는 후임자 데발 패트릭을 위해 "다른 사람을 섬기는 것은 영예로운 일이다. 훌륭한 사람을 섬기는 것은 정말 영예로운 일이다."라는 글을 남겼다.

리더십은 남을 섬기는 것과 크게 관련이 있다. 성공한 회사조차 섬긴다. 성공한 회사는 고객이 기꺼이 지불하려고 하는 필요한 가치를 공급함으로써 시장을 섬긴다. 분별 있는 회사라면 고객을 섬겨 충성심을 얻어낼 것이다. 연구 결과에 따르면 충성스런 고객이 가장 이득을 많이 가져다주는 고객이다. 남을 섬긴다는 것은 자신의 목표와 열망을 달성한다는 점에서 당신 자신을 섬기는 것이다.

리더인 당신은 고객에게 필요한 가치를 제공함으로써 다양한 고객을 섬길 수 있다. CEO는 주주, 직원, 고객을 섬긴다. 이들을 잘 섬김으로써 회사는 계속 성장하고 고객을 만족시키고 주주에게 이익을 돌려준다는 목표를 달성한다. 탄탄한 성과와 성장은 생활을 안정시키고 일할 기회와 승진 기회를 제공한다는 점에서 직원에게 영향을 미친다.

리더는 직원을 섬김으로써 이들을 미래의 매니저와 리더로 키울 수도 있다. 리더는 자신을 섬기지 않는다. 얼마나 많은 직원이 리더인 당신을 위해 일하느냐는 것은 중요하지 않다. 중요한 것은 필요한 가치를 제공함으로써 당신이 회사, 직원, 고객을 얼마나 섬기느냐는 것이다.

혁신적 회사는 고객을 섬기고, 시장에서 뚜렷하게 드러나지 않는 제품과 서비스를 위해 새 시장을 창출한다. 현재 나타나는 다양한 혁신과 신기술을 보라. 좋은 회사는 일자리를 만들고 세금을 납부하고 사회적 행사를 주관함으로써 지역 공동체를 섬긴다.

이런 예를 들면 끝이 없다. 경찰은 지역 공동체를 섬기고, 군대는 국가를 섬기고, 정치 지도자는 국민을 섬긴다. 의사와 간호사는 환자를 섬기고, 부모는 자식을 양육하고 잘 이끌어주고 사랑해줌으로써 자식을 섬긴다. 컨설턴트는 고객을 섬기고, 대통령은 국가를 섬기고 시민을 보호한다. FBI 국장은 국가를 섬기고 또한 부하 직원을 섬긴다.

이 리스트는 무한히 계속된다. 구성원을 섬기는 것이 리더십의 본질이기 때문이다. 누구를 섬기고 왜 섬기는지 제대로 이해하는 것은 리더에게는 매우 중요한 일이다. 그것은 좋은 일이기도 하다.

당신이 섬기는 고객을 이해하고 이들을 잘 섬김으로써 이기심에 사로잡힌 보스가 아니라 진정한 리더가 될 수 있다. 리더는 남을 섬기고, 보스는 자신을 섬긴다. 남을 섬기는 리더를 모실 때 회사가 더 잘 될까? 자신을 섬기는 보스를 모실 때 회사가 더 잘 될까? 답은 간단하다.

오늘날 회사는 '보스십Bossship' 스타일의 경영을 허용하지 않는다. 수십 년 전 미국 경제가 세계 경제를 주도하게 되었을 때 회사는 보스십 경영 방식으로 성공할 수 있었다. 지금은 사정이 다르다. 미국은 세계 경제에서 확고한 위치를 유지하기 위해 노력하고 있는 주도국 중 하나에 지나지 않는다.

당신은 누구를 섬기는가? 당신의 고객은 누구인가? 이들을 어떻게 섬기는가? 어떤 가치(섬김을 받는 사람의 입장에서 본 가치를 말한다)를 제공함으로써 이들을 섬기는가? 이들을 더 잘 섬기기 위해 무엇을 할 수 있는가?

역할 모델
12

태도와 행동으로 보여주어라

> **"리더십은 말이 아니라 태도와 행동으로 실천하는 것이다."**
> – 헤럴드 지닌, 전문 경영인

훌륭한 리더는 보스십이 아니라 리더십을 본보기로 삼는다. 나는 리더가 역할 모델이라고 단언한다. 회사나 지역공동체 또는 가정이나 팀의 리더라면 다른 사람들이 늘 당신을 주시한다. 마치 당신이 알게 모르게 리더가 능력이 있는지 없는지 몇 년 간 주시하는 것처럼. 당신을 보고 있는 사람들은 의식적으로 본다고 생각하지 않을지도 모르지만, 당신이 리더로서의 역할을 다 하고 있는지 아닌지 주시하고 있다.

당신보다 높은 리더들도 당신의 스타일과 리더십 기술이 몸

담고 있는 조직 문화에 얼마나 적합한지를 주시하고 있을지도 모른다.

어떤 CEO가 내게 "자네는 매순간 역할 모델을 하고 있어."라고 말했다. 그러고는 "자네는 피할 수 없네. 누군가 자네 말을 듣고 있거나 자네 표정이나 행동을 모두 보고 있어."라고 말했다. 말과 행동 하나하나 조심해야 한다. 이 CEO는 "〈뉴욕타임스〉나 〈월스트리트저널〉이나 〈보스턴 글로브〉에 실리기를 원하지 않는 이메일은 결코 쓰지 말게."라고 덧붙였다.

리더는 정직과 용기뿐만 아니라 조직이 신봉하는 가치와 원칙을 본보기로 삼는다. 직원들은 리더가 무엇을 본보기로 삼는지에 대해 리더를 예의 주시하고 있고, 로스쿨을 갓 졸업한 젊은 변호사들이 회사에서 무엇을 본보기로 삼는지도 주시하고 있다.

또한 맥킨지나 보스턴컨설팅그룹 같은 큰 컨설팅 회사에서 일하는 재능 있는 MBA 출신들이 회사의 가치와 실행 기준을 어떻게 잘 본보기로 삼는지에 대해서도 주시하고 있다.

유권자는 자신을 대변해줄 리더를 얼마만큼 본보기로 삼을 수 있는지 알기 위해 정치가를 유심히 보고 있다. 역할 모델의 힘은 매우 크다. 아이는 자연스레 부모를 보고 배우고, 역할 모델인 부모는 아이에게 큰 영향을 미친다.

〈감성 지능Emotional Intelligence〉의 저자 대니얼 골먼Daniel Goleman은 '감성 지능'에 대한 획기적인 생각과 연구로 명성을 떨쳤다. 골먼은 연구 끝에 성공한 리더의 공통분모가 IQ는 아니라고 결론을 내렸다. IQ는 게임을 위한 판돈에 지나지 않는다. 성공한 사람을 구별 짓는 것은 감성 지수인 'EQ'였다.

감성 지능은 정서적 성숙도를 말한다. CEO나 전도유망한 직원이 효율적인 리더십을 본보기로 삼거나 보여주게 하는 것은 바로 정서적 성숙도인 'EQ'이다.

회사에서 같이 근무하면서 관찰한 리더 중에서 가장 훌륭한 사람을 생각해 보라. 그 리더는 어떻게 그만큼 효율적으로 일할 수 있었을까? 어떤 리더십을 역할 모델로 삼았을까?

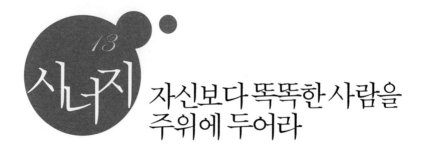

시너지 자신보다 똑똑한 사람을 주위에 두어라

13

"유능한 사람 뒤에는 늘 또 다른 유능한 사람이 있다."
– 중국 속담

나는 여러분들이 이 말을 여러 번 들었으리라고 확신한다. 이 속담이 맞는 말이기 때문에 나는 이 속담을 자주 사용한다. 리더로서 성공을 보증하는 가장 좋은 방법은 이 간단한 원리를 따르는 것이다. 물론 그러기 위해서는 자신에 대한 확신이 어느 정도 있어야만 한다. 이 말이 주는 잠재적 자극은 매우 크다. 중요한 점을 하나 설명하겠다. 이 속담은 실제로 당신보다 똑똑한 사람을 말하지 않는다. 다른 분야에서 당신보다 똑똑한 사람, 당신 스타일을 보완해줄 다른 스타일을 가진 사람을 말한다.

조직은 여러 가지 인성 유형 평가를 이용한다. 이런 평가의 하나인 MBTI 테스트(마이어스−브릭스Myers-Briggs Type Indicator의 머리글자를 딴 말 – 옮긴이)는 인성의 다양한 면에 초점을 맞춘 것이다. 예를 들면 정보를 수집하고 획득하는 것을 얼마나 좋아하느냐는 것도 평가 항목에 들어간다.

MBTI 용어 가운데 '직관형intuitive'은 개념적인 것, 상상력이 풍부하고 창조적인 것을 선호하고 추상적이고 불확실한 것을 다루기 좋아하는 유형을 말한다. 나 같은 '감각형sensor'은 구체적인 것, 실제적인 것, 사실을 선호한다. 나는 창조적으로 생각할 수 있는 사람, 내 스타일을 보완해줄 사람이 나의 주위에 있기를 원한다.

스타일 선호도를 조금 살펴보면 다양한 가치, 곧 다양한 사고방식, 세계관, 재능을 가진 사람을 당신 주위에 있게 하는 것이 얼마나 중요한지 이해하게 될 것이다. 훌륭한 리더는 다양성을 이용하여 시너지와 더 나은 결정을 이끌어내는 것이 얼마나 중요한지 안다.

재능 있는 다양한 참모를 주위에 거느린 존 F. 케네디와 에이브러햄 링컨이 생각난다. 링컨의 참모 중에는 링컨을 경멸하던 사람, 못 생기고 정식 교육을 받지 못했다고 비웃던 사람, 쟁쟁한 경선 라이벌들(윌리엄 시워드William Seward, 새먼 P. 체이스Salmon P. Chase, 에드윈 스탠턴Edwin Stanton, 에드워드 베이츠Edward Bates 등)도 있었다.

나는 고향에서 한 위원회의 의장직을 5년간 맡은 적이 있다. 위원회는 중요한 일을 했다. 물론 그 일은 나와 관련된 것은 아니었다. 우리는 2년 연속 세금을 낮추었고, 그 다음 해에도 장기 자본 준비금을 마련해서 세금을 낮출 계획을 세웠다. 또한 100개가 넘는 특별 프로젝트 기금을 조성하여 마을 경관을 바꾸고 지역 공동체 보존에 힘썼다.

우리는 세금을 '낮추고도' 이 모든 사업을 시행했다. 어떻게 할 수 있었을까? 다양한 경험, 지식, 재능, 기술을 가지고 '어떻게 하면 지역 공동체를 발전시킬 수 있을까?' 하는 문제에만 매달린, 뛰어나고 헌신적인 사람이 위원회에 몇 명 있었기에 가능했다.

내 역할은 단지 모임이 순조롭게 진행되도록 도와주고, 좋은 아이디어와 다른 사람의 재능이 꽃필 수 있도록 도와주고, 연간 목표가 달성되고 예산이 제대로 집행되도록 도와주는 것에 지나지 않았다. 나 혼자 힘으로는 이런 것을 결코 해내지 못했을 것이다. 그러나 위원회는 팀워크를 이루어 이것을 해냈다.

위원회는 전체가 부분의 합보다 큰 시너지를 불러일으켰다. 똑똑하고 재능 있는 사람들의 힘을 빌려 이런 업적을 달성한 것은 귀중한 경험이었다. 주 정부와 연방 정부도 서비스 수준을 향상시키면서 세금을 낮추는 방법을 찾을 수 있다.

일관된 계획은 많은 회사가 지닌 중요한 문제이며, 리더가 매년 비즈니스 목표를 지속적으로 달성할 수 있도록 하는데 많은 도움이 된다. 모름지기 CEO는 다른 사람의 존경을 받는 리더, 실천력을 갖춘 리더들이 주위에 있어야 한다. 이것이 CEO가 성공하는 비결이다. 자기 혼자 힘으로 회사를 일으켰다고 생각하는 CEO는 둔하고 거만한 사람이다.

성공한 CEO는 재능 있고 열정적이고 실천력이 강한 리더가 자기 주위에 있었던 덕분에 성공할 수 있었다는 것을 기꺼이 인정할 것이다. 프로스포츠에서는 재능 있는 매니저와 경영자가 비즈니스(팀)를 운영한다. 그러나 팀의 성공은 우승하려는 열의가 넘치고 재능 있는 선수가 있느냐 없느냐에 달려 있다.

좋은 회사는 지금 미래를 준비하고, 그 결과 장기 수익과 성장이 지속된다. 이것은 미래의 리더가 다음 단계를 준비함으로써 자연스럽게 생긴, 잘 훈련된 리더십 발전 과정의 한 예이다. 프로스포츠 예를 한 번 더 들면, 이것이 메이저리그 소속 야구 팀이 마이너리그 팀을 거느리고 있는 이유이다. 다시 말해서 메이저리그 팀은 언젠가 팀이 승리를 위해 필요할 때 메이저리그 선수로 뛸 수 있는 재능 있는 선수를 발굴하기 위해 마이너리그 팀을 거느리고 있다.

당신이 이끈 팀 가운데 엄청난 성과를 올린 팀을 생각해 보라. 그 팀은 어떻게 시너지(전체가 부분의 합보다 크다는)를 보여주었는가? 그런 성과를 달성하기 위해 팀원의 재능, 기술, 지식, 경험을 어떻게 이용했는가?

열정

14

재능이 아니라 자세이다

"어떤 위대한 것도 열정 없이 달성되지는 않는다."

– 랄프 왈도 에머슨, 작가

20세기 초의 유명한 심리학자 월터 딜 스코트Walter Dill Scott는 이렇게 말한 적이 있다. "비즈니스 성패를 좌우하는 것은 정신적 능력이 아니라 정신 자세이다." 나는 정신적 능력이 중요하다는 것을 부인하지는 않는다. 내 주위에는 정신적 능력이 뛰어난 사람이 정말 많다. 그러나 내 주위에는 올바른 자세, 올바른 정신, 팀의 소중한 일원이 되려는 마음, 자기 일에 대한 열정을 가진 사람이 있었으면 한다. 이것은 "각자가 팀 플레이어가 되어야 한다."라는 뜻이다. 나는 이런 것들이 충성스러운 직원, 충성스러운 팀원, 충성스러운 간부에게 꼭 필요한 속성이라고 생각한다.

당신이 높은 지위에 있었던 때, 엄청난 성과를 올려 다른 사람들의 인정을 받았던 때를 생각해 보라. 홀을 걸어가는 모습에서 걸음걸이에 자연스럽게 나타난다고 생각하는가? 그것은 당신의 정신 자세에 어떤 영향을 미쳤는가? 또 당신의 정신 자세는 성공에 어떤 영향을 미쳤는가? 이런 환경에서 일한 기분이 어땠는가? 그 시기에 그렇게 성공할 수 있었던 이유는 무엇인가?

고등학교와 대학 동기인 마크 설리번Mark Sullivan은 지금 미국 비밀경찰국 국장이다. 마크는 헌신적이고 프로 정신이 투철한 비밀경찰국원이 되겠다는 자세로 근무하여 리더의 자리에 올랐다. 그는 매우 열정적으로 맡겨진 임무를 수행하고, 비밀경찰국에 충성을 바쳤다. 마크는 열정과 정신 자세 덕분에 높은 성과를 올리고 성공할 수 있었다.

마크의 정신 자세와 열정은 대인관계를 쌓는 데 가장 중요한 것이었다. 현재 마크 주위에는 서로 충성 관계에 있는 재능 있는 미래의 리더가 모여 있다. 이 충성은 신뢰에 입각한 관계와 자연스러운 상호 존중을 바탕으로 만들어진 것이고 성과에 책임을 진다. 나는 지금도 친구 설리번이 자랑스럽다.

　올바른 자세, 올바른 정신, 조직과 팀에 대한 열정과 충성으로 똘똘 뭉친 사람들이 어떤 복합적 효과를 불러일으킬지 생각해 보라. 이런 사람들은 높은 성과에 큰 영향을 미친다. 기업가이자 비즈니스맨인 찰스 슈밥Charles Schwab은 "나는 아무리 지위가 높더라도 찬성하는 분위기에서보다 비난하는 분위기에서 더욱 열심히 일하고 노력하는 사람을 아직 보지 못했다."라고 말한 적이 있다.

　맡은 일을 사랑하는 사람이 일을 더 잘한다는 것, 특히 다른 사람들이 지지하고 격려해주는 분위기일 때는 더욱 자기 일을 사랑한다는 것은 흔히 있는 일이다. 이것은 모든 것에 적용된다. 다시 말해서 야구나 하키를 할 때, 피아노 칠 때, 환자를 치료할 때, 고객에게 서비스할 때, 학생을 가르칠 때, 요리할 때, 조직을 리드할 때에 적용된다. 이것은 사적인 대인관계나 업무상 대인관계에도 적용된다.

　나는 홀을 걸어 내려가는 모습을 보고도 어떤 사람이 일을 잘하고 있는지 아닌지 알 수 있다고 입버릇처럼 말한다. 일을 잘 하는 사람은 걸음걸이가 당당하고 자신감에 넘치며 몸짓에서 능력, 확신, 편안함이 배어나온다. 이런 자세를 바탕으로 재

능을 살려 높은 성과를 올리는 것이다. 부정적으로 생각하는
것이 얼마나 불리한지 생각해 보라.

성공을 경험한 때(과거도 좋고, 지금도 좋다)를 생각해 보라. 무슨 말
로 이 시기의 당신 태도를 설명할 수 있을까? 반대로 성공하지 못한
때, 당신에게 적합하지 않은 역할을 떠맡았던 때를 생각해 보라. 무슨
말로 이 시기의 당신 정신이나 태도를 설명할 수 있을까?

보스를 관리하라

"당신 보스의 보스를 당신 보스에게서 멀리 있게 하라"

당신은 이 말을 처음 들어보았을 것이다. 이것은 업무 효율을 높이는 것과 관련 있는 말이다. 이것은 보스가 매일 부딪치는 압력을 이해하는 것과 관련이 있고, 당신이나 당신과 보스 둘 다 또는 조직 전체가 성공하는 법과 관련이 있다.

직장 초년생 시절에 나는 보스가 효율적인 리더가 되는 데 필요한 기술과 지식을 모두 갖추고 있을 것이라고 생각했다. 그러나 곧 그런 경우가 드물다는 것을 알아차렸다. 그래서 매니저도 우리와 마찬가지로 얻을 수 있는 온갖 도움이 필요하다는 것을 알았다. 나는 매니저가 미리 이끌어주고 방향을 제시해줄 것으로 믿었다. 또한 동기를 부여해주고, 재능(특히 나의 재능)을 개발해주고, 피드백을 해주고, 필요한 통찰력을 가지고 있으리라고 믿었다. 이 순진한 기대는 나를 몇 번이나 실망시켰다.

리더십 책은 대개 부하 직원이나 팀을 관리하고 리드하는 것에 초점을 맞추고 있다. 관리를 더 잘 한다는 것은 무슨 뜻일까? 뛰어난 실행가는 아랫사람이든, 동료든, 윗사람이든 자신의 네트워크 내에 있는 사람을 모두 관리한다는 것을 나는 수년에 걸쳐 관찰했다. 이것은 자신의 매니저를 관리한다는 것을 말한다. 이것은 틀림없는 사실이다. 나도 그와 비슷한, 곧 모든 보스는 얻을 수 있는 모든 도움을 이용한다는 것을 경험했다.

당신은 얻을 수 있는 모든 도움이 필요하다. CEO를 비롯해서 누구나 도움이 필요하다. 내가 가르친 CEO를 되돌아보건대 그들은 하나같이 스트레스와 압박감에 시달렸다. 침착하게 잘 대처한 CEO도 몇 명 있었지만, 이들 CEO에게는 얻을 수 있는 모든 도움을 이용했다는 한 가지 공통점이 있었다. 이 점에 유의해야 한다. 당신이 어떤 지위에 있는지는 중요하지 않다. CEO는 CFO의 도움이 필요하고, CFO의 중요한 역할은 그의 보스인 CEO를 도와주는 것이다.

슈퍼바이저는 직원의 아이디어와 생산성에 크게 의존하고, 변호사는 사무보조원의 도움이 필요하다. 또 컨설팅 담당 매니저는 컨설팅 보조원이나 비즈니스 애널리스트의 도움이 필요하다. 이런 예는 얼마든지 들 수 있다. 보스는 당신의 도움이 필요하고, 당신은 보스의 도움이 필요하다. 당신이 일할 때 받는 압박감을 생각해 보라. 그러면 매니저도 적어도 당신만큼 압박감에 시달린다는 것을 깨달을 것이다. 보스를 관리하는 것은 앞에서 강조한 한 걸음 앞서 나가는 것과 관련이 있다. 이것은 당신이 리더십에 책임을 지는 것과 관련이 있다.

보스를 관리하는 법

보스를 관리하는 방법 몇 가지를 소개한다.

- 높은 성과를 유지하라. 비즈니스에서는 성과에 따라 사람을 평가한다. 무조건 사랑해주는 부모 밑에서 자랄 때와는 상황이 다르다. 성과를 유지하거나 높이는 방법을 생각하고, 보스와 이 문제를 논의하라.

- 보스가 받는 압박감이나 절박한 문제를 이해하려고 애쓰고, "도와드릴 게 없습니까?"라고 물어라.

- 보스가 평가 기준으로 삼는 것이 무엇인지 고려해서 "무엇을 도와 드릴까요?"라고 물어라.
- 누군가 정보를 제공해주면 보스가 얼마나 좋아할 것인가?
- 보스의 업무 스타일 가운데 당신이 적응해야 할 것이 있는가?
- 보스가 어떻게 관리해 주었으면 하는가? 보스에게서 어떤 도움을 받고 싶은가? 보스가 어떤 걸림돌을 제거해주면 더욱 효율적으로 업무를 처리할 수 있다고 보는가?
- 보스를 더욱 효율적으로 만들어줄 어떤 통찰력과 피드백을 제공해 줄 수 있는가?(이것은 솔직해지려는 용기와 관련이 있다.)
- 보스와 생각을 주고받을 파트너가 될 준비가 되어 있는가? 조직이 성공할 기회를 높여줄 아이디어나 의견을 가지고 있는가? 다시 말해서 보스에게 보고하는 관계는 어쩔 수 없겠지만 어떻게 하면 당신의 역할과 관계를 보스와 직원 관계에서 파트너 관계로 높일 수 있겠는가?

월요일마다 주간 스케줄을 보고하고 금요일 오후에 주간 성과를 보고해 주는 것을 좋아하는 보스를 본 적이 있다. 언젠가 이 보스가 평가 기준을 팀원에게 말해 주었다. 나는 실행 문제를 이야기하면서 보스의 실행 계획에 맞추어 내 실행 계획을 짜고 싶다고 보스에게 말했다. 실제 수혜자는 조직이었다. 조직이 연간 목표를 달성할 기회가 높아졌기 때문이다.

또 아주 내성적인 보스를 모신 적이 있었다. 그 보스와는 사무실에서 함께 앉아서 일하기가 어려웠다. 나는 이 보스가 이메일에 꼬박꼬박 답장을 한다는 것을 알았다. 이메일은 곧 우리의 업무 처리 방식이 되었다. 그리고 부서 간의 비즈니스 계획과 예산을 종합적으로 편성하는 것을 중시하는 보스를 모신적도 있다. 그 결과 부서 간의 동의 절차가 거의 언제나 형식적이게 되었다.

MBA 수업 시간에 노동법을 배운 기억이 난다. 강사는 변호사였다. 첫 시간에 이 변호사는 자기가 바라는 바를 분명히 밝혔다. 우리는 숙제를 하기 위해 매주 케이스 스터디를 해야 했다. 또한 다음 요건에 맞추어 리포트를 요약해야 했다. 첫째, 1페이지를 넘지 않을 것. 둘째, 첫 문장에 자신의 견해를 명확히 밝힐 것. 셋째, 그 나머지는 견해에 대한 근거와 논리를 제시할것. 나는 순진하여 시키는 대로 했다. 덕분에 매주 A학점을 받았다.

다른 학우들이 "A학점을 받는 비결이 뭐지?"라고 물었다. 강사가 시킨 것, 곧 1페이지를 넘기지 않을 것, 첫 문장에 내 견해를 밝힐 것, 그 나머지는 내 견해에 대한 근거와 논리를 제시할 것, 이 세 가지를 따른 것 외에는 다른 이유가 없었다. 나는 강사가 원하고 기대하는 것에 부응함으로써 강사를 관리했다.

　나는 생각하고 있는 목표를 직원들과 공유하라고 '보스에게 제안하고' 싶다. 그러면 직원들이 당신이 받고 있는 압박감을 더욱 잘 이해하게 될 뿐만 아니라 맡은 업무도 더 잘 이해하게 되고, 그들의 업무가 당신 업무와 어떤 연관이 있는지도 이해하게 되고, 부서의 업무가 조직 전체와 어떤 연관이 있는지도 더욱 잘 이해하게 된다. 이래도 직원을 자원과 자산으로 활용하지 않을 것인가? 직원의 재능과 능력을 활용하여 당신의 실행 목표를 달성할 기회를 높일 방법을 찾지 않을 것인가?

보스가 스트레스를 덜 받고 맡은 일에 성공하도록 당신이 당장 도와줄 수 있는 세 가지 일은 무엇인가?

16
기회
노후(Know-WHO)를
강화하라

"현명한 사람은 주어진 기회를 더 많은 것으로 만든다."
– 프랜시스 베이컨, 영국의 철학자

노하우know-how를 증가시키는 것은 언제나 중요한 문제이다. 농경시대 사람이든, 산업시대 사람이든, 아니 어느 시대 사람이든 간에 언제나 자신만의 노하우를 생각해내야 했다. 기술개발(노하우)은 탄탄한 성과의 지표였다. 기술이 하루가 다르게 변하는 혁신적 지식 시대인 오늘날에도 노하우는 여전히 중요하다.

그러나 이제 '노후know-WHO'가 더 중요해지고 있다. 대인관계 네트워크를 확대하는 것은 지식과 관련이 있다. 노후가 광범해야 정보를 찾는 능력, 배우는 능력, 사실에 입각하여 결정하는 능력을 기를 수 있다.

　내가 말하는 노후란 당신의 대인관계, 네트워크, 파트너십을 합친 것이다. 이것은 조직 안팎의 동료, 상사나 부하직원, 고객이나 공급업체, 산업 컨설턴트 또는 그 밖의 파트너로 이루어질 수 있다. 정보에 접근하기 위해, 일을 처리하기 위해, 답을 얻기 위해, 결정을 하기 위해 당신이 알아야 하는 사람이 전부 노후이다.

　오늘날에는 작은 회사에서 일하든, 로펌에서 일하든, 정부기관에서 일하든, 대기업에서 일하든 당신의 노후는 성공의 주요 요소이다. CEO들에게 이 말을 할 때마다 그들은 고개를 끄덕인다. 오늘날만큼 '대인관계 = 성공'이라는 등식이 들어맞는 때는 없었다. 대인관계 네트워크가 발달하면 할수록 그만큼 성공 기회가 커진다.

　나는 9년간 임원 역량개발executive development 컨설팅 업무를 담당했다. 나의 네트워크(노후)가 없었더라면 고객을 확보할 길도, 고객이 지불하려고 하는 가치를 제공할 길도 없었을 것이다. 나는 나 자신이 문제가 아니라 나의 네트워크와 대인관계가 문제라는 것과 아이디어를 두고 나와 협력하고 이 아이디어를 실행할 재능 있는 사람이 누구이고 어디 있는지 아는 것이 문제라는 것을 알았다.

나는 큰 석유 생산업체에서 일하고 있을 때 전세계 고위 경영자 3천명을 위해 리더십 개발 프로그램을 만들어달라는 부탁을 받은 적이 있다. 나는 당시 회장의 주요 전략 이니셔티브 위주로 프로그램을 개발할 생각이었다. 나는 비즈니스 스쿨과 대형 컨설팅 회사와 경쟁을 하고 있었다. 1인 경영자인 내가 어떻게 이들을 따돌릴 수 있었을까? 같이 일할 수 있는 몇몇 지적 리더, 비즈니스 스쿨 교수단, 컨설턴트, 컨설팅 회사로 이루어진 광범한 네트워크에 접근할 수 있다는 것을 고객에게 보여주었기 때문이다.

나는 회장의 전략 이니셔티브와 경쟁 전망에 관련된 전략 및 리더십 분야에서 독창적 생각과 특수한 산업 지식을 가진 전문가로 팀을 만들었다. 탄탄한 조직력을 갖춘 팀을 만들게 한 네트워크가 없었더라면 이 제안을 받아들이지 못했을 것이고, 받아들였더라도 일을 해내지 못했을 것이다. 이 학습센터 소장은 그 해에 '홈런'을 날렸다. 그것은 나의 노후 덕분에 소장에게 제공할 수 있었던 바로 그 가치였다.

노후에 대한 좋은 소식은 오늘날처럼 복잡한 비즈니스 환경에서는 누구나 도움이 필요하기 때문에 노후가 당신 어깨의 무거운 짐을 덜어준다는 것이다. 대기업조차 노후를 개발해야 한다. 대기업이 제휴, 조인트 벤처, 그 밖의 파트너십 형태로 그렇게 한다면 작은 회사를 비롯해 모든 비즈니스 업체도 틀림없이 그렇게 할 것이다.

내가 이 책을 쓰고 있을 때 〈월스트리트 저널〉에 '하이테크 네 거인 야후, 이베이, 구글, 델이 온라인 고객과 광고에 더욱 쉽게 접근하기 위해 제휴하다'라는 제목의 기사가 실렸다. 기사는 다음과 같다.

"야후와 이베이는 광범한 제휴 관계를 맺었다. 이베이는 야후가 미국 온라인 경매 사이트와 시장에서 중개한 광고를 이용하고, 야후는 고객의 서비스 이용료 지불 수단으로 이베이의 페이펄PayPal 전자 결제 시스템을 이용하기로 했다. 이와 별도로 델 컴퓨터를 사용자에게 선적해 보내기 전에 구글 소프트웨어를 설치하기로 구글과 델은 계약을 맺었다. 이 계약 덕분에 델은 연간 2천만 대의 컴퓨터에 구글 검색 서비스와 광고를 제공하게 되었다."

내가 마지막으로 확인한 바로는 구글은 엄청난 시장을 자본화하고도 여전히 제휴할 필요성을 느끼고 있다는 것이다. 왜 그럴까? 부분적으로는 '마이크로소프트를 따라잡으려는' 구글의 욕심 때문에 계약이 성사된 것처럼 보인다.

오늘날 모든 회사는 경쟁에 앞서서 성장하고 성공을 지속시키기 위해서 관계를 발전시켜야 할 필요성을 인정하고 있다. 큰 회사는 혼자 힘으로 모든 것을 다 할 수 없다는 것을 깨닫고 있다. 회사가 자원을 무한히 가지고 있지는 않다. 따라서 비즈니스 차원에서 다른 회사와 협력해야 할 필요가 있다.

뛰어난 변호사나 공인회계사, 소프트웨어 컨설턴트는 개업할 수 있지만, 네트워크를 발전시키지 않으면 실패할 것이 뻔하다. 고객을 창출하는 것은 바로 노후이다. 만일 창업을 한다면 이들은 '누가' 고객이고 '누가' 잠재적 고객인지 알아야 하고, 더 많은 고객을 창출해서 회사가 성장할 수 있도록 도와줄 사람이 '누구'인지 알아야 한다.

- 호텔과 항공사는 거대한 제휴 관계와 협력 관계를 구축했다.
- 크든 작든 로펌은 변호사와 함께 노하우뿐만 아니라 노후를 확대해야 할 필요가 있다.
- 병원과 의사도 그렇게 해야 한다.
- 편의점은 공급업체를 위해 노후를 개발할 필요가 있다.
- 정치 후보자들은 노후를 강화해야 할 필요가 있다. 에이브러햄 링컨조차도 1860년 공화당 경선에서 윌리엄 시워드, 새먼 체이스, 에드워드 베이츠 같은 쟁쟁한 명사들을 누르는 데 도와줄 노후가 필요했다.

■ 집주인은 냉난방 장치가 고장 났을 때나 정원을 손질해야 할 때 누구를 불러야 할지, 어디로 가야할지 알아야 하고 또 재정 문제를 도와줄 사람이 누군지 앎으로써 노후를 강화할 필요가 있다.

회사에 소속되어 일하는 전문가들은 내부적으로 자신의 네트워크를 강화해야 할 필요를 깨닫고 있다. 특수한 기술적 문제, 재정 문제, 인적자원 문제, 영업 문제 등등에 대해 누구한테 전화를 걸거나 이메일을 보내 도움을 요청해도 되는지 알면 스트레스를 크게 줄일 수 있다.

조직 내의 어떤 사람이 내부적 네트워크에 주의를 기울이고 신경 쓰는 것이 중요하지 않다고 말하는 것을 나는 아직 들어보지 못했다. 우리는 얻을 수 있는 모든 도움이 필요하다. 조직 안에서든, 밖에서든 당신만의 전문 네트워크와 관계를 만들기 시작하라.

노후를 강화하는 방법

네트워크와 관계를 강화하기 위해서는 노력이 필요하다. 이 문제에 관한 한 비법은 없다. 몇 가지 구체적 아이디어를 소개하기로 한다.

1. 옛 동료나 매니저와 접촉을 유지하라. 이들이 필요하지 않을 때는 더욱 접촉을 많이 해야 한다. 그렇게 하는 것이 앞서서 말한 '한 걸음 앞서 나가는' 방법이다. 그렇게 하려면 노력을 해야 한다. '자연스러운 관심을 보이면서', '경청하는 것'을 잊어서는 안 된다.
2. 전문 조직에서 적극적으로 활동하고, 그 조직에서 리더 역할을 맡아라.
3. 막강한 도구인 이메일을 이용하여 자신을 알리고, 같은 분야에서 일하는 사람과 커뮤니케이션하라.
4. 언제나 예의 바르게 행동하라. 예를 들면 회신 전화를 꼭하라. 회신 전화를 하지 않으면 점수를 많이 깎일 것이다. 가는 말이 고와야 오는 말도 곱다.

어떻게 내부 네트워크와 외부 네트워크를 확대할 것인가?

Part 02

비즈니스 능력을 높여주는
CEO 인사이트

GE의 CEO였던 잭 웰치는 이렇게 말한다. "아무리 똑똑한 전략도 사람에게 도움을 주지 못하면 결국은 죽은 전략이다." 실행에 전념하는 사람이 있을 때 리더십이 요구된다. 과거에는 경쟁사가 전략을 빼내서 베낄까봐 전략을 비밀로 하곤 했다. 이런 관행은 요즘은 흔하지 않지만, 경쟁사가 당신 회사의 전략을 아는 것은 실제로 중요하지 않다. 사실상 중요한 것은 말이나 아이디어가 아니라 실행이기 때문이다.

Think Like a CEO

실행 가차 없이 실행하라

모든 회사에는 승리 전략이 있다는 것에 주목한 적이 있는가? 모든 전략이 승리에 초점을 맞추고 있는데 모든 사람이 승리를 얻지 못하는 이유는 무엇일까? 그 차이는 실행에 있다. 중요한 것은 실행execution이고, 실행의 핵심 요소는 리더십이다. 전략은 실행 문제이고 리더십은 성과 문제, 특히 다른 사람을 통해 성과를 얻는 문제이다.

GE의 CEO였던 잭 웰치는 이렇게 말한다. "아무리 똑똑한 전략도 사람에게 도움을 주지 못하면 결국은 죽은 전략이다." 실

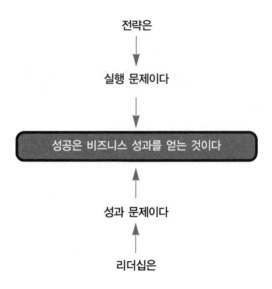

전략은

↓

실행 문제이다

↓

성공은 비즈니스 성과를 얻는 것이다

↑

성과 문제이다

↑

리더십은

행에 전념하는 사람이 있을 때 리더십이 요구된다. 과거에는 경쟁사가 전략을 빼내서 베낄까봐 전략을 비밀로 하곤 했다. 이런 관행은 요즘은 흔하지 않지만, 경쟁사가 당신 회사의 전략을 아는 것은 실제로 중요하지 않다. 사실상 중요한 것은 말이나 아이디어가 아니라 실행이기 때문이다.

각 비즈니스 부문에서 넘버원이나 넘버투가 된다는 GE의 전략은 웰치가 전략을 실행에 옮겼기 때문에 유명해졌다. 웰치는 전략이 확실히 실행에 옮겨지도록 했다. 시장을 지배하고 경쟁사를 따돌린 델(주문 생산을 하기 때문에 재고가 없다)이나 지속적으로 다른 회사보다 많은 흑자를 달성하고 높은 고객 만족도를 달성한 사우스웨스트 항공Southwest Airlines처럼 경탄할만한 비즈니스 모델과 전략을 가진 회사는 이런 전략을 실행함으로써, 그것도 다른 회사가 모방하기 매우 힘든 방법으로 실행함으로써 이런 성과를 얻었다.

얼마나 많은 항공사가 저비용, 고효율, 즐겁고 유익한 여행을 표방하는 사우스웨스트의 전략을 모방하는 데 성공했는지 생각해 보라. 몇몇 항공사가 모방을 시도했으나 성공한 것처럼 보인 제트블루JetBlue를 제외하면 어느 회사도 성공하지 못했다.

〈하버드 비즈니스 리뷰〉 2005년 3월 호에는 델 회장인 마이클 델과 당시 델 CEO였던 케빈 롤린스의 인터뷰가 실렸다. 인터뷰 주제는 실행이었다. 기사 제목은 '가차 없는 실행'이었다. "왜 다른 회사는 델 모델을 모방하지 못하고, 델을 앞지르지 못하는가?"라는 질문을 받은 롤린스는 이렇게 대답했다.

"케이마트가 월마트를 흉내 내지 못하는 것과 같은 이치입니다. 월마트는 로켓 과학업체가 아니고, 소매업체입니다. 왜 모든 업체가 다 월마트나 제트블루 또는 삼성처럼 자기 분야에서 최고가 될 수는 없을까요? 그 이유는 전략 이상의 것이 필요하기 때문입니다. 회사가 계속 경쟁 우위를 확보하려면 몇 년간 일관되게 실행하는 것이 중요합니다. 다른 회사보다 우월한 비즈니스 모델을 가진 델의 성공 열쇠는 타사가 흉내낼 수 없는 우리 나름의 DNA를 수년 간 발전시킨 것입니다. 다른 회사는 우리 회사만큼 잘 실행하지 못합니다."

이에 덧붙여 마이클 델은 회사 문화가 수년 간 해온 역할을 설명했다. 최고경영자가 회사 DNA를 이야기할 때는 원칙적으로 회사 문화를 이야기하는 것이다.

가장 훌륭한 전략이나 가장 통찰력 넘치는 전략을 창출한다고 끝나는 것은 아니다. 모두가 전략을 이해한다고 해도 실행이 뒤따르지 않으면 아무 것도 아니다. 실행, 이것이야말로 성공적 전략을 다른 것과 구별하는 것이다. 램 차란Ram Charan과 래리 보시디Larry Bossidy가 쓴 〈실행에 집중하라Execution〉는 책에 이런 말이 있다.

"회사가 약속을 지키지 못할 때 흔히 둘러대는 변명은 CEO의 전략이 틀렸다는 것이다. 그러나 전략 자체가 원인인 경우는 거의 없다. 전략은 실행되지 않으면 실패하기 마련이다."

전략이 실행 문제라면 실행에는 무엇이 필요할까? 실행은 효율적 리더십에서 비롯되고, 효율적 리더십은 성과와 관련이 있다. 나는 '효율 리더십effective leadership'이라는 말을 쓴다. 생산적이며 깊은 감명을 주면서도 칭찬을 받지 못한 리더가 많이 있기 때문이다. 성과는 리더를 평가하는 잣대이다. 전 뉴욕 시장

루디 줄리아니Rudy Giuliani는 범죄를 줄이고 뉴욕을 깨끗하게 만든 성과를 남긴 리더로 평가된다.

나는 효율 리더십을 다룬 책을 수십 권 읽었다. 효율적 리더를 만드는 것을 주제로 한 프레젠테이션에도 여러 번 참가했다. 이것들은 가치 있고 재미있는 것이기는 하지만, 하나같이 중구난방이었다. 흔히 리더를 꿈을 추구하는 사람이라고 한다. 리더는 미래의 모습을 그리고, 다른 사람이 뒤따르도록 부추긴다. 리더는 다른 사람을 계발하는 데 소질이 있는 사람이다. 리더는 다른 사람을 한 덩어리로 만들어 추종자로 만든다. 리더는 뛰어난 커뮤니케이터이다.

회사의 인적자원팀에서 규정한 리더십 능력을 기준으로 평가하면 실제로 리더는 언제나 기대를 웃돈다. 이것은 당혹스러운 일이다. 효율적인 리더가 어떤 사람이냐고 묻는다면 수년간 들은 견해와 정의가 너무 많아서 대답하기가 망설여진다. 어쨌든 나는 다른 사람을 활용하여 지속적으로 성과를 달성한 사람을 리더라고 한다.

남들이 그 사람의 능력을 어떻게 평가하느냐, 그 사람이 어떤 사람인가 하는 데는 신경 쓰지 않는다. 문제는 성과를 달성했느냐 하는 것이다. 뉴잉글랜드 패트리어츠New England Patriots 감독 빌 벨리치크Bill Belichick는 인품과 리더십 기술이라는 면에서 해리 트루먼Harry Truman, 로널드 레이건Ronald Reagan, 콜린 파월 Colin Powell, 잭 웰치 같은 유명한 리더와 다르다. 그러나 이들은 전략을 실행하여 성과를 달성했다는 점에서 공통점이 있다.

웰치의 저서 〈위대한 승리〉를 한 번 더 인용해 보자. "… 실제 생활에서 전략은 매우 간단한 것이다. 사람들은 악착같이 일반적인 지침과 수단을 찾는다." 실행 과정은 리더십의 전부이다. 실행에 대한 정보는 뒤에서 한번 더 다루기로 한다.

주변에서 "읽을 만한 리더십 책을 추천해 주십시오."라는 부탁을 받으면, 나는 언제나 다음 책들을 추천한다. 노먼 슈워츠코프 장군의 전기 〈영웅은 필요없다 It doesn't take a hero〉, 콜린 파월의 자서전 〈나의 미국 여행 My American Journey〉, IBM의 역사적 방향 전환과 CEO인 자신의 역할에 초점을 맞춘 〈코끼리를 춤추게 하라 Who says elephants can't dance〉, 도리스 컨즈 굿윈의 〈권력의 조건 - 에이브러햄 링컨의 정치적 재능〉.

이런 책을 추천하는 이유는 리더십의 추상적 개념을 다룬 책이 아니라 성공한 리더가 어려움을 어떻게 헤쳐나가 어떤 성과를 달성했는지를 구체적으로 보여주기 때문이다. 이 사람들은 인품도, 스타일도 다르지만 각 분야의 리더이기 때문에 다음의 4가지를 공통으로 가지고 있다.

1. 그들은 자신의 환경을 **알고 있었다.**

2. 그들은 새로운 도전을 다 **받아들였다.**

3. 그들은 사람은 따뜻하게, 문제는 냉정하게 다루는 방법을 **응용했다.**

4. 그들은 일관된 토대 위에서 성과를 **달성했다.**

물론 그들은 실패하기도 하고, 길을 헤쳐나가다가 좌절하기도 했다. 그러나 가까스로 다시 일어나 실행 가능한 전략(군사적 전략이든, 정치적 전략이든, 비즈니스 전략이든지간에)을 개발했다. 여러분들도 내 경험으로 미루어 보아 이미 훌륭한 리더의 자질을 충분히 갖추고 있는지도 모른다. 그러나 정말 중요한 것은 실행이다.

같이 일하거나 지금까지 보아온 리더 중에서 가장 훌륭한 사람은 누구인가? 이들은 어떻게 해서 효율적인 리더가 되었을까? 이들은 어떤 성과를 달성했을까?

"돈 외에 아무 것도 창출하지 못하는 비즈니스는 형편없는 비즈니스이다."
– 헨리 포드, 포드자동차 창업자

　왕성한 저술 활동을 한 우리 시대의 경영 사상가 중의 한 사람인 피터 드러커Peter Drucker는 그의 저서 〈경영의 실제 Practice of Management〉에서 "올바른 비즈니스 목적의 정의는 고객을 창출하는 것뿐이다."라고 했다. 고객 창출은 시장 수요를 창출하고 그 수요를 충족시켜 고객의 필요를 충족시킬 때 달성된다.

　비즈니스의 첫 번째 목적이 '고객 창출'이라면 두 번째 목적은 그 고객을 유지하고 더 많은 고객을 창출하는 것이다. 물론 세 번째 목적은 돈을 버는 것, 이윤을 창출하는 것, 주주의 이익을 최대화하는 것이다. 뒤에서 이야기하겠지만 비즈니스 방정식의 재무 측면과 충성스러운 고객, 충성스러운 직원 간에는 상관관계가 있다.

이윤과 주주의 이익을 살펴보기로 하자. 이윤은 좋은 것이다. 이윤이 생겨야 회사가 성장한다. 회사가 성장해야 일자리가 더 많이 창출되고, 경제에 긍정적인 영향을 미친다. 이윤이 생기고 회사가 성장해야 직원들이 연봉 인상, 보너스, 승진(책임은 더 무거워지겠지만) 혜택을 본다.

주주는 위험을 무릅쓴 채 회사의 미래를 보고 투자했기 때문에 당연히 보상을 받아야 한다. 정부도 혜택을 본다. 이윤이 커지면 세수가 증대되고 일자리가 늘어나서 공공부조에 의존하는 사람이 줄기 때문이다. 미국의 30대 대통령 캘빈 쿨리지 Calvin Coolidge는 "미국의 비즈니스는 비즈니스이다."라고 말했다.

'적하경제학 Trickle down Economics' (정부 자금을 대기업에 유입시키면 중소기업과 소비자에게 영향을 미쳐 경기를 자극하게 된다는 이론에 따른 경제 – 옮긴이)은 좋은 것이다. 왜냐하면 모든 사람에게 이익을 주기 때문이다. 하지만 모든 사람이 똑같이 이익을 누리지는 못할지도 모른다. 이것이 자본주의의 속성이고 능력주의의 본질이기 때문이다. 어쨌든 기업은 수익률과 이윤이 떨어지지 않게 해야 한다. 따라서 모든 직원이 바라는 만큼 연봉을 인상해주지 못한다.

기업은 호경기라고 해서 흥청망청 지출하지 못한다. 그렇게 하면 금방 퇴출된다. 텔레마케터들에게서 걸려오는 모든 광고 전화에 '예스'라고 말하면 어떻게 될지 상상해 보라. 빚이 엄청나게 불어날 만큼 흥청망청 카드를 긁어대면 어떻게 될지 상상해 보라. 마찬가지로 기업도 절제해야 한다. 몸매를 관리하려면 누구나 절제해야 한다. 먹고 싶다고 다 먹으면 안 된다. 그러면 원치 않는 비만에 걸린다. 회사도 재정적 건강을 유지해야 한다.

이윤을 내는 회사는 그 일부를 지역사회에 환원해야 할 책임이 있다. 환원하려면 회사는 분별 있게 결정해야 한다. 소비할 돈이 한정되어 있기 때문이다. 워렌 버핏한테서 엄청난 기부를 받은 '빌 앤 멜리사 게이츠Bill and Melissa Gates' 재단도 돈을 전 세계의 빈곤한 사람을 위해 쓰는지 감시해야만 한다. 왜냐하면 비영리재단이기 때문이다. 재단은 돈을 어디에 기부할지 매우 어려운 결정을 내려야 한다. 이 재단이라고 해서 손을 내미는 모든 단체에 돈을 줄 수는 없다.

재단의 돈을 어느 단체에 기부하느냐 하는 것은 미리 분별 있게 계획을 세우고 어렵게 선택을 해야 할 문제이다. 이런 선택은 깊이 있는 철학, 가치관, 사명감, 계획에서 나온다. 아무리 선택을 잘 해도 모든 사람을 만족시킬 수는 없다. 심지어는 돈이 그렇게 많은 재단 자신도 만족하지 못한다. 속담에도 "바다를 끓일 수는 없다."는 말이 있다.

당신 회사는 어떻게 돈을 버는가? 당신 회사의 '비즈니스 모델'은 무엇인가?

19

사고
비즈니스 스쿨에서
가르치는 것

"비즈니스 스쿨에서는 단순한 행동보다 어렵고 복잡한 행동을 더 많이 보상한다.
그러나 단순한 행동이 더욱 효율적이다."
– 워렌 버핏, 투자가

약 20년 전 마크 맥코맥이 쓴 〈하버드 비즈니스 스쿨에서 가
르쳐주지 않는 것 What They Don't Teach You at Harvard Business School〉이라
는 기발한 책이 나왔다. 이 책은 부제에서 보는 것처럼 '세상
물정에 밝은 경영자가 쓴 노트'로 이루어져 있다. 이 책은 경험
은 가치 있는 것, 어쩌면 교육보다 더 가치 있는 것이라는 단순
한 진리를 보여준다. 그러나 하버드 비즈니스 스쿨을 비롯해
비즈니스 스쿨에서 '실제로' 가르쳐주는 것은 경영자처럼 사
고하는 '방법'이다. 이 장은 경영자처럼 사고하도록 도와주고

비즈니스에 대한 경영자의 안목을 계발해주는 미니 MBA이다.

비즈니스에 종사하는 사람은 지위를 불문하고 어느 정도 비즈니스 재능이 있어야 한다. 예를 들면 나는 언제나 인적자원 전문가는 '먼저 비즈니스맨'이 되고, '그 다음에 인적자원 전문가'가 되어야 한다고 강조한다. 그렇지 않으면 인적자원 전문가는 회사와의 연관성을 이해하지 못하고 자기 넋두리만 늘어놓게 마련이다.

오늘날 많은 엔지니어와 기술 전문가는 고위 경영자가 되는 데 필요한 비즈니스 재능을 계발하기 위해 비즈니스 교육을 따로 받음으로써 그들의 배경지식을 넓히고 있다. 비즈니스가 작동하는 법을 이해함으로써 당신이 받은 기술적, 기능적 교육을 뛰어넘는 것이 중요하다.

비즈니스 재능은 비즈니스와 조직, 당신이 종사하는 업체와 경쟁업체는 물론 고객 회사의 전략을 이해하는 것이다. 비즈니스를 이해하는 가장 좋은 방법은 비즈니스 스쿨에서 가르쳐주는 것, 다시 말해서 적절한 질문을 하는 것이다. 비즈니스에 대해 실천적 질문을 할 수 있게끔 해주는 몇 가지 틀을 소개하기로 한다.

CEO는 왜 밤에 잠을 이루지 못할까?

CEO가 밤에 잠을 자지 못한다는 것은 심각한 문제가 아닐지 모른다. CEO들이 중요한 문제 때문에 자다가도 일어나 고민한다는 말을 나는 여러 번 들었다. 적어도 CEO에게는 차를 타고 퇴근할 때도 마음속을 떠나지 않는 문제들이 있다. 지난 수년 간 나는 비즈니스를 배우고 이해하려고 몇몇 유명한 회사의 CEO 및 고위 경영자와 자리를 함께 한 적이 여러 번 있다. 물론 선별된 고위 경영자에게 적합한 전략적 리더십 프로그램을 개발하기 위해 마련된 자리였다.

전형적인 리더십 프로그램은 CEO가 강조하는 주요 전략 과제나 긴급한 문제를 중심으로 개발된다. 긴급한 문제를 진단하고 전략 과제를 이해하기 위해 나는 특기(경청)를 살려 비즈니스에 초점을 맞춘 질문을 했다. 고위 리더와 토론을 펼치기에 앞서 자신의 통찰력을 이용한 과제부터 제대로 하여 이들 질문에 대답할 수 있게끔 해두어야 한다.

비즈니스에 초점을 맞춘다는 것은 회사 제품과 서비스, 업계의 속성, 시장과 고객에 대한 폭넓은 지식을 비롯해 회사의 전반적 상황에 대해 예리한 감각과 통찰력을 가지는 것을 말한다. 이것은 적절하고 신뢰할 만하고 실질적인 비즈니스 토론에서 내가 경영진을 다루는 데 활용한 증명된 과정이다. 이것은 당신이 회사에서 고위 리더와 실질적인 토론을 하는 능력, 비즈니스 재능, 전략적 사고를 계발하는 데 도움이 될 것이다.

질문은 다음과 같은 논리적 순서를 따른다.

A. 외적 조건

- 관심을 끄는 핵심적인 외적 요인은 무엇인가?

- 경쟁 문제 또는 위협은?

- 업계의 동향 또는 세력은?

- 규제 문제는?

- 기술 문제는?

- 글로벌한 도전 또는 기회는?

- 왜 이런 것들이 관심의 대상인가? 왜 이런 것들 때문에 고민하는가?

- 회사에 어떤 영향을 주는가?

- 이 문제와 관련해서 회사를 차별화시키는 방법이 있는가?

- 회사는 이런 요인 가운데 어떤 것에 영향을 미칠 수 있는가?

B. 회사가 고려할 점

- 달성하려고 하는 주요 목표는 무엇인가?

- 이 목적을 달성하는 데 필요한 핵심 전략은 무엇인가?

- 어떤 점을 낙관적으로 보며 그 이유는 무엇인가?

- 어떤 점을 걱정하며 그 이유는 무엇인가?

- 조직 전체는 목표와 전략을 얼마나 명확히 이해하고 있는가?

- 목표와 전략은 위에서 말한 문제, 기회(외적 요인)와 관련이 있는가?

- 목표를 달성하고 전략을 실행하기 위해 먼저 해야 할 일은 무엇인가?

- 최근 대차대조표나 손익계산서에 대해 몇 가지 질문을 준비하라.

- ROE(자기자본 이익률Return on Equity), ROA(총자본 이익률 Return on Assets), 이윤율, 매출이익, 유동비율, 재고회전율, 부채비율, 현금흐름, 운전자본흐름, 주당순이익 등 주요 재무 지표를 점검하라. 이런 것들을 알지 못하면 배우고 또 배워야 한다. 회사의 기본적 재무구조를 이해하려면 이 장에서 소개하는 '비즈니스 언어인 재무이해하기'와 '월 스트리트 전망'을 꼼꼼히 읽어야 한다. 재무 지표는 과거의 성과 및 동향과 비교하지 않으면 그 자체로서는 별 의미가 없다. 중요한 것은 당신 회사를 차별화시켜 주고 회사가 어떤 점에서 취약한지를 보여주는 주요 재무 지표를 발견하는 것이다.

C. 회사의 가능성

- 외적 조건과 회사의 목표 및 전략을 근거로 볼 때 회사가 조정할 수 있고 또 해야 할 것은 무엇인가?

- 가능성에 비추어볼 때 비즈니스 약점은 무엇인가?
- 약점의 원인은 무엇인가?
- 약점을 밝히지 않는 위험은 무엇인가? 예를 들어 "만약 글로벌 서비스 가능성을 새로운 수준으로 조정하면 어떻게 될까?" "만약 고객 충성도 기준을 10퍼센트 높이면 어떻게 될까?"와 같은 '만약 그러면'이라는 질문을 이용하라.

그래서 무엇을?So What?

'그래서 무엇을'이라는 분석은 비즈니스 통찰력을 얻는 데 도움이 된다. 이 단계에서 당신은 "비즈니스나 전략 방향에는 어떤 뜻이 함축되어 있을까?" "이 모든 것이 어떻게 조직이 발전할 가능성으로 바뀔까?"라고 물을 수 있다. 이것은 회사가 소속 업계 내에서 목표를 달성하고 전략을 실행할 가능성 또는 비즈니스 동인을 결정하는 토대이다.

이제 무엇을? Now What?

이런 토론을 하면 경영자는 전략 초점, 비즈니스 강점, 당신이 하고 있는 접근법을 알게 될 것이다. 이런 토론이 적절하며 의미 있고 또 생각을 계발할 기회를 준다는 것을 알기 때문에 경영자도 이런 토론을 하고 싶어 한다. 또한 이런 토론은 경영자가 자기 생각을 공식화하고 세부적으로 조정하는 데 도움을 준다. 명백해진 비즈니스 상황에서 나온 '이제 무엇을'은 다음 단계, 곧 앞으로 나아가기 위해 측정 가능한 성과와 함께 계획, 전략, 행동을 정의하는 것을 기대한다.

예전에 유명한 축하 카드 제조업체의 컨설팅을 한 적이 있었다. 회사가 전통적 축하 카드 비즈니스를 벗어난 새 성장 발판에 초점을 맞춘 실행 리더십 도전 과제를 개발해 달라고 해서 일단 나는 경영진과 몇 번 토론을 했다. 그 다음은 이 도전 과제를 찬성하지 않는 CFO와 토론을 했다.

처음에 그는 인적자원HR에만 관심이 많고 비즈니스와 재무에는 재능이 없는 리더십 개발 컨설턴트를 외부에서 불러오는 것을 탐탁지 않게 여기는 듯 했다. 그런데 곧 그는 리더십 도전 과제를 가장 지지하는 사람 가운데 한 명이 되었다. 현금흐름, 부채, 매출이익, 회사의 비즈니스 모델(어떻게 하면 회사가 돈을 벌까 하는 것) 등 구체적 질문을 그에게 쏟아냈기 때문이다.

처음에는 그가 재무에 대한 전문용어를 쏟아내서 일일이 번역해야 했다. 그렇지만 얼마 지나지 않아서 나는 재무에 대한 배경지식이 있는 사람만 할 수 있는 질문을 했다. 그는 외부에서 온 리더십 및 HR 컨설턴트가 재무 문제를 잘 알고 있으리라고 생각하지 않았다.

아무도 당신이 CFO가 되리라고 기대하지 않는다. 그러나 사람들은 재무 문제 때문에 정말 불안해한다. 나는 많은 비즈니스 전문가들이 재무 문제로 고민하는 것을 조금이나마 덜어주고 싶다. 비즈니스 전문가나 현재 또는 미래의 리더처럼 우리는 비즈니스 재무와 재무 기록에 대한 기초를 이해해야 한다. 재무는 비즈니스의 언어이고 우리가 성공하느냐 실패하느냐에 대해 점수를 매기는 방법이기 때문이다.

피터 드러커에게서 배우는 경쟁 전략관
〈하버드 비즈니스 리뷰〉에 게재된 '비즈니스 이론'에서

피터 드러커는 왕성한 활동을 하는 작가이자 경영 사상가였다. 이 논문은 비즈니스의 바탕이 되는 가정과 조건이 이제는 현실과 부합하지 않거나 오늘날에는 적합하지 않다는 것을 전제로 하고 있다. 이 논문은 비즈니스 상황과 경쟁 환경에 대해 경영자처럼 생각하는 방법을 제공한다. 드러커가 회사에 던지는 주요 질문은 다음과 같다(논문에서 인용함).

1. 고객의 필요와 수요 면에서 경쟁 환경이 어떻게 달라지고 있는가?
2. 현재의 경쟁 환경을 설명하라(가장 큰 업체, 비용을 가장 적게 들이고 생산하는 업체, 품질이 가장 좋은 업체, 앞선 기술을 가진 업체, 가장 빨리 성장하는 업체).
3. 회사의 '전략 목표'는 무엇인가? 경쟁 환경이 달라짐에 따라 이 목표가 현실에 부합하지 않을 때는 어떻게 할 것인가?
4. 회사의 두드러진 장점은 무엇인가?
5. 회사가 내세우는 가치는 무엇인가?(단기 이윤, 장기 성장, 비용 절감, 혁신, 고객 등)
6. 회사의 고위 리더는 어떤 직무를 맡고 있는가? 어떤 부서가 힘이 있는가?(예컨대 재정부, 생산부, 기술부, 제품관리부, 마케팅부, 법무부) 더욱 경쟁력을 높이기 위해 회사는 목표, 전략, 장점, 가치, 문화 등을 어떻게 조정하려고 하는가?

1955년 〈포춘〉에서 발표한 500대 기업 중에서 지금도 살아남은 기업이 몇 개인지 아는가? 〈포춘〉에 따르면 "1955년 이후 500대 기업에 선정된 기업은 1천개가 넘는다. 이들 중에는 세월이 흐름에 따라 합병, 파산 등으로 이름이 바뀐 기업이 많고, 개인 소유로 넘어간 기업도 있고, 단순히 이름만 바꾼 기업도 있다."

2006년에는 거대 인터넷 기업 '구글', '야후', '이베이'가 처음으로 500대 기업 리스트에 올랐다. 이것은 비즈니스에서 변화가 얼마나 지속적으로 일어나고 있는지 잘 보여준다. 500대 기업에서 탈락한 많은 기업체가 업계에서 일어난 변화를 따라가지 못했을지도 모른다.

DEC Digital Equipment Corporation의 초기 행운과 그 종말을 보라. DEC는 미니 컴퓨터 시대에 IBM과 대접전을 벌여야 한다는 것은 예상했지만, 시스템을 공개하는 시대가 오리라고는 예상하지 못했다. 결국 글로벌 서비스와 기술을 갖춘 컴팩이 DEC를 인수했다.

그러나 계획에 차질이 생겨 컴팩은 HP에 인수됐다. 이 리스트는 모든 업계에 확대될 수 있다.

드러커 사상의 핵심은 회사가 업계와 시장의 발전을 따라가야 하고 경쟁에서 살아남기 위해 필요한 조정을 해야 한다는 것이다. 월마트가 〈포춘〉 500대 기업 리스트에서 1위를 차지할 줄은 아무도 생각하지 못했을 것이다. 시대는 변한다. 따라서 조직도 변신하여 업계와 시장의 변화를 따라가야 한다. 흔히 말하듯이 "그것은 아버지가 몰던 구닥다리 올드모바일이 아니다."(1980년대 세련된 디자인, 저렴한 가격으로 미국 시장을 잠식

해 오던 일본 자동차에 맞서기 위해 내걸었던 캐치프레이즈. 올드모바일은 GM에서 만든 승용차 이름 – 옮긴이)

비즈니스 리더는 자신에게 물어야 한다

실행과 성과 이야기를 할 때 웰치만큼 좋은 사람이 없기 때문에 나는 웰치 예를 자주 든다. 웰치가 GE 회장 겸 CEO로 있는 동안 GE의 자산은 4천억 달러가 증가했다. 로버트 슬레이터Robert Slater의 〈GE 방식 필드북〉은 웰치가 리더들에게 생각해보라고 던진 질문을 강조한다. 웰치는 리더에게 다음과 같은 질문을 던졌다.

1. 세계의 경쟁 환경은 어떠한가?
2. 지난 3년간 경쟁업체는 무엇을 했는가?
3. 같은 기간에 당신 회사는 무엇을 했는가?
4. 앞으로 경쟁업체가 당신 회사를 어떻게 공격하리라고 생각하는가?
5. 경쟁업체를 앞지를 계획은 무엇인가?

SWOT 분석

나는 단순함 때문에 SWOT 분석틀을 좋아한다. 그러나 SWOT 분석은 회사의 비즈니스 상황을 이해할 수 있는 핵심 고려 사항을 담고 있다.

내부 S = 장점 strengths 조직의 장점은 어디에 있는가?
조직의 최대 장점은 어디에 있는가? 내부 능력이란 말이 있듯이 힘의 초점은 내부에 있다. 혼다의 최대 장점은 엔진 기술이다(잔디 깎는 기계, 자동차, 모터사이클, 그 밖의 온갖 차종). 델의 장점은 퍼스널 컴퓨터를 주문 제작하여 재고도 없고 반품도 없게 한 비즈니스 모델에 있다.

내부 W = 약점 weaknesses 장점의 경우와 마찬가지로 초점은 내부에 있다. 조직의 약점은 어디에 있는가? 경쟁사의 공격에 약한 곳은 어디인가? 모든 회사, 모든 비즈니스 부서, 모든 사람은 경쟁 환경에서 장점을 이용하면서 약점을 줄여나가야 한다. 미식축구 팀이 이것을 잘 보여준다. 대학 미식축구 팀이나 프로 미식축구 팀은 달리는 게임의 약점을 줄이려고 패스 위주로 하는 게임으로 변모했는지도 모른다.

외부 O = 기회 opportunities 우리가 찾아야 할 기회는 어떤 것인가? 산업 동향, 경제 동향, 소비자 동향은 어떤가? 올바른 비즈니스란 무엇인가? 장점을 살리려면 회사는 기회를 어떻게 잡아야 하는가? 이 글을 쓰고 있는 동안에도 국제유가가 치솟았다. 주요 석유 회사가 시장에서 기회를 잡았다고 생각지 않는가? 그들이 기회를 잡았음은 말할 것도 없다. 그 결과는? 수익과 이윤의 엄청난 증가이다.

외부 T = 위협 threats 시장에 어떤 위협이 있는가? 석유 가격이 상승하면 휴양지에 어떤 위협이 생기는가? 인플레이션이 조금씩 심해지면 소비자 확신에 어떤 위협이 생기고, 그것은 소매업에 어떤 영향을 미치는가? 인터넷으로 소비자에게 음악을 다운로드해주는 음악 및 엔터테인먼트 업체에 어떤 위협이 생기는가? 이들은 잘 적응해서 새 기회 잡는 방법을 발견했다. 앞에서 당신만의 관점을 개발하라고 조언했다. 다음 질문은 비즈니스에 대한 당신만의 관점을 발전시키기에 좋은 것들이다.

당신은 어떤 통찰력을 가지고 있는가?

- 업계 상황과 시장에서의 가치에 대해
  유명 경쟁업체와 그들의 주된 위협에 대해

잠재적 경쟁업체에 대해

회사의 글로벌 역량에 대해

기술 문제와 규제 문제에 대해

회사의 비전, 목표, 전략에 대해

회사의 장점과 가능성에 대해

회사의 단점에 대해

- 이런 상황은 어떻게 발전하는가? 주요 트렌드는 어떤 것인가?
- 회사의 전략은 어떤 의미를 가지고 있는가?
- 조직의 예상 결과는 무엇인가?
- 리더십의 예상 결과는 무엇인가?

비즈니스 언어인 재무 이해하기

재무는 언어이다. 그것도 비즈니스 언어이다. 소프트웨어 엔지니어와 자동차 기술자에게 그들만의 언어가 있는 것처럼 재무전문가에게도 자신만의 언어가 있다. 경영자가 이 언어를 이해하고 유창하게 말할 수 있어야 할 만큼 재무는 중요하다. 불행히도 많은 비즈니스맨이 이 언어에 겁을 먹고 있다. 이 언어에 겁을 먹어서는 안 된다.

재무의 첫째 목표는 점수를 기록하는 것이다. 비즈니스는 숫자로 점수를 기록한다. 스포츠에서처럼 점수는 우리가 어떻게 하고 있는지, 이길 가망성이 있는지 없는지 보여준다. 재무 기록은 다음과 같은 중요한 질문에 답을 해야 한다.

1. 어떤 성과를 얻었는가?
2. 재정은 얼마나 건전한가?
3. 전망은 어떤가?

손익계산서, "어떤 성과를 얻었는가?"라는 질문에 대한 답

'손익계산서'는 "어떤 성과를 얻었는가?"라는 질문에 대한 답이다. 이것은 일정 기간의 이윤(순수입)을 결정하기 위해 총수입에서 총지출을 뺀 것을 말한다. 일반적으로 회사는 월별, 분기별 성과를 기록하고 이를 토대로 연간 성과를 기록한다. 손익계산서는 그 기간에 회사가 이익을 보았느냐, 손해를 보았느냐는 것을 보여준다.

물론 이익(또는 손해)을 기록하는 것은 그림의 일부에 지나지 않는다. 우리는 이익이 기대한 만큼 많이 생겼는지, 작년보다 많은지, 경쟁업체보다 큰지 알고 싶어 한다. 이런 것은 우리가 사용하는 많은 질문과 분석의 몇 가지 예에 지나지 않는다.

대차대조표, "재정은 얼마나 건전한가?"라는 질문에 대한 답

대차대조표는 회사의 재정 건강 상태를 나타내는 것이다. 이 것은 어떤 시기(대개 월말이나 분기말 또는 회계연도말)에 회사가 재정적으로 얼마나 건강한지 보여주는 것이다. 사람들은 자신의 재정 건강 상태를 잘 모를지도 모른다. 그러나 대차대조표를 이용해 다음과 같은 질문을 함으로써 자신의 재정 건강 상태를 평가할 수 있다. '은행에 얼마나 예금해 두었나?' '집에 현금은 얼마나 있는가?' '부채(담보대출, 신용카드, 자동차 할부금)는 얼마인가?' 이런 것들이 대차대조표 항목이다.

예산, "전망은 어떤가?"라는 질문에 대한 답

예산은 계획이다. 양적인 계획이다. 예산은 실행을 감시하고 제어하는 핵심 도구이고, 적절한 결정을 내리는 핵심 도구이다. 예산은 일정 기간(월, 분기, 연간)에 몇 가지 항목으로 나누어진 수입과 지출을 보여주는 것이다. 예산은 실행이 계획에 어긋나지 않도록 감시하는 도구 역할을 한다는 점에서 매우 중요하다. 예산은 구체적으로 다음과 같은 목적에 기여하는 관리 도구이다.

- 회사 내의 기구와 관리자가 재정적 책임감을 갖도록 해주는 수단
- 자금을 일정한 계획에 따라 분배하는 수단
- 관리자가 행동을 고려하고, 자원을 관리하고, 미래를 계획하게 하는 수단
- 장래 행동을 통제하는 기준
- 관리자와 기구가 교정 조치를 취하게 하는 수단
- 관리자에게 불리하게 평가되는 실행을 감시하고 소통하는 메커니즘

다른 계획과 마찬가지로 예산을 관리하는 것은 연초에 만들어졌다가 곧 흐지부지되는 것이 아니고 지속적인 과정이다.

월스트리트 전망

월스트리트는 뉴욕의 금융가로, 세계 금융의 중심이다. 많은 투자은행과 금융서비스 회사는 본사를 월스트리트에 두고 있다.

CEO의 핵심 역할 중 하나는 산업 애널리스트, 금융 애널리스트, 투자사에게 차별화와 '이기는 전략'으로 경쟁할 준비가 되어 있는 회사 상황을 설명하는 것이다. CEO는 회사의 재무 상태에 대해 이야기하고, 다음 분기와 다음 해의 예상 수익에 대해 이야기한다. 또한 회사의 비즈니스 목표, 전략, 능력을

비롯해 시장에서 '이기는' 긍정적인 이야기, 다음 분기 및 다음 해의 예상 성과에 대해 긍정적인 이야기를 전해주고 싶어 한다.

월스트리트 사람들은 회사가 이기는 전략을 실행하여 성과를 달성할 준비가 되어 있다고 확신할 근거를 가지고 싶어 한다. 또 리더십의 자질을 확신하고 싶어 하고, 회사의 성과를 밀어붙일 힘 있는 리더가 있는지를 알고 싶어 하고, 회사가 기술혁신, 제품 혁신, 서비스 혁신에서 경쟁업체를 앞설 계획을 가지고 있는지를 알고 싶어 한다. 다시 말해서 월스트리트는 회사에 '실행할 힘'이 있다는 것을 듣고 싶어하고, 보고 싶어하고, 믿고 싶어한다.

성과는 재무 용어로 평가된다. 요컨대 재무는 비즈니스 언어이다. 이 언어에는 몇 가지 핵심 재무 지표가 포함된다. CEO, CFO, 그 밖의 경영진, 월스트리트의 기업 애널리스트, 주식 중개인, 전문가가 강조하는 전통적이고 일반적인 재무 지표 몇개가 다음에 나와 있다. 당신은 이 비율들이 대차대조표와 손익계산서의 정보로 이루어진 것임을 알게 될 것이다.

재무비율을 제대로 이해하고 판단하려면 각 비율을 전년도 성과와 비교하고 또 같은 업계의 경쟁업체의 비율과 비교함으로써 포괄적으로 분석하지 않으면 안 된다.

재무비율은 주로 위험률risk ratio과 수익률return ratio 2가지로 요약될 수 있다.

위험률

1. 유동성 비율

회사는 얼마나 유동적인가? 유동적이라는 말은 현금이나 쉽게 현금으로 바뀔 수 있는 유동성 자산을 뜻한다. 이것은 회사의 단기 채무 상환 능력을 말한다.

유동 비율 유동 부채로 나누어진 유동 자산을 말한다. 비율이 높을수록 좋다. 2:1이나 그 이상(2.5:1 또는 3:1 등)이면 일반적으로 양호한 것으로 본다.

당좌 비율 재고가 포함되지 않는다는 점을 제외하면 유동 비율과 같다. 이것은 유동성을 더 잘 보여준다. 원료 재고나 공정중에 있는 재고가 현금으로 바뀌기를 기대할 수 없기 때문이다.

2. 부채 비율

회사는 어떻게 비즈니스 자금을 조달하는가? 빚을 내어 조달하는가? 주식을 팔아서 조달하는가? 회사 부채는 얼마나 많은가? 회사는 어떻게 자금을 조달하려고 하는가? 이와 같은 것은 가계에도 적용된다. 우리는 가계를 꾸려나가는 데 빚을 얼마나 지고 있는가?

부채 대 순자산 비율 주주의 순자산으로 나눈 장기 총부채를 말한다.

부채 비율 총자산을 총부채로 나눈 것을 말한다.

수익률

1. 자산관리 비율

회사는 수익을 얻기 위해 자산을 어떻게 운용하는가? 자산관리 비율은 자산의 생산성을 나타낸다.

재고 회전율 재고가 얼마나 빨리 팔리느냐는 것을 말한다. 재고 회전율 계산 방법은 많다. 따라서 당신 회사가 이 비율을 어떻게 계산하는지 알아두어야 한다. 슈퍼마켓은 제품이 끊임없이 회전한다. 재고 차량을 부지에 보관해야 하는 차 대리점도 회전율에 크게 의존한다. 델은 주문생산 방식이라는 혁신적 비즈니스 모델을 도입해서 재고가 거의 없다.

매출채권 회전율 이것은 판매 대금을 받지 못한 일수(日數)라고 할 수 있다. 고객에게 송장을 보낸 후 회사가 돈을 지급받는 데 걸린 일수를 말한다. 빨리 지급 받을수록 좋다는 것은 말할 것도 없다. 빨리 받을수록 그 돈이 은행에 들어가서 이자가 발생한다. 신용카드 회사는 이자가 붙기 시작한 후 늦게 지불을 청구하여 소비자에게 숨 돌릴 여유를 준다.

총자산 회전율 수익을 얻기 위해 회사가 자산을 얼마나 효율적으로 이용하는지 보여주는 것이다. 총자산을 총수익으로 나눈 것이다.

2. 수익률

우리 회사는 얼마나 수익을 내는가? 이것은 회사의 성과를 평가하는 것이다.

판매수익 수입(판매)으로 나누어진 순수입. 대개 회사는 세전 순수입 개념 대신 세후 순수입 개념을 이용한다.

자산수익률ROA 총자산으로 나누어진 (세후) 순수입. 이것은 회사가 자산을 이용하여 수입(이윤)을 얼마나 발생시켰는지 보여준다.

순자산수익률 ROE 주주의 순자산으로 나누어진 (세후) 순수입. ROE는 비즈니스가 얼마나 잘 이루어지고 있는지 보여주는 매우 중요한 평가 기준이다. ROE는 ROI와 같은 뜻으로 쓰이기도 한다. ROE는 주주의 투자수익률을 나타낸다. 예를 들어 ROE가 15센트라는 말은 회사가 주주의 순자산 1달러로 15센트 벌었다는 뜻이다.

ROE는 수익을 발생시키기 위해 얼마나 투자했는지를 보여주는 것이기 때문에 모든 비율 중에서 가장 중요하다. 외형상 100만 달러 이윤은 괜찮은 것이다. 그러나 100만 달러 이윤을 발생시키기 위해 1억 달러를 투자해야 한다면 수익률은 1퍼센트밖에 안 된다. 이 경우 투자를 하지 않고 더 높은 이자 소득을 얻기 위해 은행에 돈을 넣어두는 것이 더 나을 것이다.

〈비즈니스: 최종 가이드 Business: The Ultimate Guide〉에 따르면 "ROE는 원칙적으로 회사가 주당 수익, 곧 주식의 질을 높이는 능력을 말한다. 회사가 그 돈을 이용하여 추가 수익을 얼마나 많이 발생시키는지 보여주는 것이기 때문이다. (중략) 높은 ROE를 발생시키는 기업은 주주에게 이익을 남겨주고 투자된 돈에 대한 실질 자산을 증가시켜주는 회사이다."

3. 시장가치 비율

주식 시장은 어떤 신호를 보내는가? 이것은 회사의 시장가치를 장부가치와 비교하는 것을 말한다(대체로 당신 집의 시장가격이 장부가격보다 높은 것과 같다).

주당 순수익 주식 수로 나누어진 (세후) 순수익. 이것은 경쟁업체와 수익을 비교하거나 전분기 수익 또는 전년도 수익을 비교할 때 필요한 지표이다. 주당 수익은 주식 1주가 가져다주는 수익을 말한다.

주가수익 비율 주당 수익으로 나누어진 주가. 투자자는 이기준을 보고 주가가 과대평가되었는지, 과소평가되었는지 결정한다. 주식이 주당 25달러에 팔리고 주당 순수익이 2달러라면, 주가수익 비율은 12.5이다. 경험에 따르면 주가수익 비율이 12~15이면 괜찮은 가격 곧 적정 매입가격이다. 주가수익 비율이 15:1~18:1이면 적정가의 주식이고, 18보다 크면 과대평가된 주식이거나 너무 비싸서 매수하기 힘든 주식이다(가격은 수익과 크게 관련이 있기 때문이다). 주가수익 비율은 장래 수익 기대치를 나타내기도 한다. 따라서 주가수익 비율이 높을수록 비즈니스 기대치가 커진다.

시장가격 대 장부가격 이것은 당신 집의 시장가격과 장부가격(집을 사기 위해 지불한 가격)을 비교하는 것과 같다. 시장가격이 장부가격보다 높은 것이 바람직하다. 비즈니스에서 회사의 시장가치는 주식 수에 주가를 곱함으로써 계산된다. 회사의 장부가치는 대차대조표에서 전 주주의 순자산(자산 − 부채 = 주주의 순자산임을 기억하라)으로 표시되는 가치이다.

왜 회사의 시장가치가 장부가치보다 높을까? 여러 가지 이유가 있지만, 본질적으로 그것은 회사 자산을 관리하는 경영진의 능력, 시장을 신뢰한다는 표시이다. 사람, 지식 같은 회사의 무형자산이 왜 중요한지, 무형자산이 어떻게 과거 어느 때보다 지금의 시장가치에 더 많은 영향을 미치는지는 27장에서 말할 것이다.

경제적 부가가치 EVA   이 지표는 지난 몇 년 사이에 부쩍 많이 쓰였다. EVA는 '주주 가치 창출'을 가장 잘 평가하는 것이다. 영업이익에서 자본비용을 뺀 것을 토대로 한 회사의 자금 평가이기 때문이다. 자본비용, 부채의 양, 영업이익과 자본지출의 현재 수준 등 경영자가 영향을 미칠 수 있는 가치 있는 것을 모두 커버한다는 점에서 이것은 유용하고 중요하다.

투자자본수익률 ROIC   이 지표는 회사 경영진이 자본을 얼마나 잘 할당하는지 결정함으로써 투자 잠재력을 평가하는 데 쓰인다. 투자자본은 빌딩, 프로젝트, 기계 및 장비, 다른 회사 등이 될 수 있다. 어떤 회사의 ROIC를 자본비용과 비교하면 투자 자본이 효율적으로 사용되었는지 아닌지 알 수 있다. ROIC는 세후 순수익에서 총자본으로 나누어진 배당금을 뺀 것이다. 총자본에는 장기부채, 보통주, 우선주가 포함된다.

당신 회사의 재무 상황을 어떻게 보는가?

20
변화 옳은 일을 잘 하라

> "하거나 하지 않거나 둘 중의 하나이다. 시험한다는 것은 없다."
> – 요다, 〈제국의 역습〉 중에서

오랫동안 같이 일했던 친구가 몇 년 전에 내게 이 말을 이야기해 주었다. 이 말에는 비즈니스와 인생의 여러 면, 특히 변화를 포함하는 전략 실행 같은 이슈에 적용되는 교훈이다.

우리는 언제나 옳은 일을 하기를 원한다. 조직도 마찬가지이다. 비즈니스에서 옳은 일은 어려운 목표나 실행하기 어려운 전략과 관련이 있다. 물론 옳은 일을 하는 것의 반대는 틀린 일을 하는 것이다.

우리는 틀린 일을 하거나 일을 옳지 못하게 할 수도 있다. 다음을 보라.

	옳은 일을 하다	틀린 일을 하다
잘 하다		
잘 못하다		

어느 것이 가장 좋은가? 물론 옳은 일을 잘 하는 것이다. 이 시나리오에서 옳은 일을 하는 것을 전략을 실행하는 것이라고 하자.

	옳은 일을 하다	틀린 일을 하다
잘 하다	X	
잘 못하다		

어느 것이 가장 나쁜 것인가? 이 문제를 한번 생각해 보라.

처음에는 틀린 것을 잘 못하는 것이 가장 나쁜 것이라고 말하기 쉽다. 나는 틀린 일을 잘 하는 것이 가장 나쁘다고 말하고 싶다. 왜냐하면 회사나 조직이 전략을 실행할 추진력을 얻지 못하거나 불가피한 변화를 인정하려고 하지 않아서 수렁에 빠질 수 있기 때문이다.

틀린 것을 되풀이하면 틀린 것을 더욱 잘 하는 오류를 범하게 된다(오른쪽 위 코너로 계속 나아간다). 윌 로저스 Will Rogers는 "늘 해왔던 일만 하면 늘 얻었던 성과밖에 얻지 못한다."라고 했다. 이것이 때로는 변화가 필요한 이유이다.

	옳은 일을 하다	틀린 일을 하다
잘 하다	X	X ↗
잘 못하다		

그러면 어떻게 해야 틀린 것을 잘 하는 것에서 옳은 것을 잘 하는 것으로 옮겨갈까? 변화하는 것이다. 이것은 틀린 것을 잘 하는 것에서 빠져나와 새로운 것을 잘 하기 위해 직선상으로

가로지르는 것을 말하지 않는다. 이것은 처음에는 옳은 것을 시원찮게 하는 것을 말한다(다음을 보라).

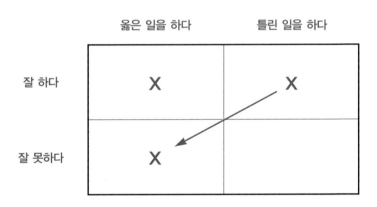

이것이 중요하다. 인생의 대부분은 배우고 계속 발전하는 것과 관련이 있다. 프로 선수는 끊임없이 기술을 연마하고, 늘 배우며 최고가 되기 위해 노력한다. 이것은 변화 실행이나 전략 실행에도 똑같이 적용된다. 문밖을 나서면서 모든 것이 완벽하게 되기를 바라지만, 뜻대로 되지 않는다.

전략 실행Executing Strategy이나 큰 변화에 대한 도전Major Change Initiative Executing은 옳은 것을 하려고 할 때 처음에는 신통찮게 시작한다. 오히려 사정이 더 못해지는 경우도 있다. 가장 중요한 것은 옳은 일을 잘 하려고 노력하면서 끊임없이 배워 위로 나아가는 것이다.

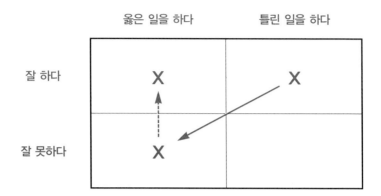

목표를 실현해가고 있다고 생각할 때 어떤 위험이 따를까? 바로 자기만족이다. 스스로 만족하게 되면 어떻게 될까? 어느새 틀린 일을 잘 하는 박스 안에 있을 것이다.

변화는 우리 인생의 일부이고, 비즈니스의 일부이다. 자기만족을 경계해야 한다. 회사는 만족할 틈이 없다. 배우고 끊임없이 발전하는 것이 얼마나 중요한지 이해해야 한다.

당신 조직이 틀린 일을 잘 하고 있다고 생각되는 점이 있는가? 조직을 옳은 일 하는 박스로 옮겨 끊임없이 발전하도록 하기 위해 무엇을 할 수 있는가?

전략 실행 방법에 달려 있다

"우리는 열심히 훈련했다. 그러나 팀을 이루려고 할 때마다
다시 조직해야 할 것처럼 보였다. 우리는 어떤 새로운 상황에 부딪칠 때
조직을 다시 구축하게 마련이다. 그것은 혼란, 비효율, 도덕적 타락을
불식시키고 발전이라는 환상을 심어주는 놀라운 방법이 될 수 있다."
—페트로니우스, 로마 시대 네로 황제의 고문

전략의 가치는 그 개념의 탁월함에 달렸다기보다 전략을 실행할 조직의 능력에 달렸다. 전략은 실행과 관련된 것이다. 다시 말해서 전략에서 중요한 것은 실행뿐이다. 그렇다면 당신은 어떻게 실행하고 있는가? 이 책에서 몇 가지 통찰력을 제공하려고 하지만, 실행에 관해서는 나도 마술적 해답을 가지고 있지 않다.

미식축구를 예로 들어 말하자면 실행은 블로킹과 태클 같은 기본적인 것과 관련이 있다. 미식축구에서는 블로킹과 태클이

리더십 인사이트

기본 기술이다. 이 두 가지 기술이 탄탄하지 않으면 경기를 계획대로 풀어나가기가 어렵다. 전략, 비즈니스 계획, 프로젝트 계획, 변화에 대한 도전을 실행하기 위한 '블로킹과 태클' 기초를 닦으려면 4가지 훈련을 해야 한다.

나는 이 4가지 훈련이 경영의 정수라고 생각한다. 이 4가지는 '참여', '훈련', '완수', '책임'이다. 이 4가지는 서로 관련이 있다.

1. 참여 전략은 실행 위원회나 고위 리더십 팀의 전유물이 아니다. 사실상 전략은 회사 내의 모든 사람의 일이다. 당신은 실행을 원하는가? 모든 사람을 참여시켜라. 시간을 들여 조직 내의 모든 사람과 소통하라. 실행 요소를 생각하면서 아이디어와 인풋을 찾게 하는 방법으로 모든 사람을 참여시켜라.

실행에 대한 실천적 통찰력을 가진 사람이 고객에 가장 가까이 있는 사람일 것이다. 참여한 조직이나 팀이 모두 헌신해야 한다. 참여는 헌신과 관련이 있다. 참여에 헌신이 더해지면 조직이나 팀의 실행 능력이 더욱 커진다.

2. 훈련 길가에서 쉬지 말고 코스를 따라가며 집중하라. 기업은 평가 기준을 마련하고 이 기준을 충족하거나 능가하는 것에는 보너스를 주는 방법으로 훈련에 인센티브를 제공한다. 훈

련은 개인적 헌신이다. 매일 아침, 저녁 우리집 개를 걷게 하는 데는 훈련이 필요하다. 훈련하는 것 다시 말해서 개인적으로 헌신하는 가장 좋은 방법은 좋아하는 것을 하는 것이다.

위대한 음악가, 운동선수, 부모 또는 리더를 생각해 보라. 위대한 사람은 최고가 되려고 각별히 노력하면서 그 방법과 행동을 훈련했기 때문에 위업을 달성한다. 이들이 기울인 성공적인 노력의 핵심 요소는 좋아하는 일을 했다는 것이다. 그렇지 않으면 훈련은 고역이 된다.

3. 완수 이것은 모든 것의 잃어버린 연결 고리이기도 하다. 나의 전문인 리더십과 조직 발전 분야만 하더라도 참가자들이 배운 것을 끝까지 완수하며 실천하고 이용해야 한다는 것을 확신하지 못할 때가 있다. 지도를 하다가 보면 참가자들이 행동에 옮길 수 있는 피드백을 완수하는데 전념하지 않을 때가 있다. 왜 그럴까? 완수에 대한 인센티브가 없기 때문인 경우가 가끔 있다.

흔히 말하듯이 "사람들은 당신이 감독하는inspect 것을 존경한다respect."는 말이 있다. 리더의 주요 임무 가운데 하나는 감독 과정을 일관되게 하는 것이다. 피터 머큐리의 말처럼 "훌륭한 리더는 포괄적이고 철저하며 엄격한 감독 메커니즘을 가지고 있어야 한다." 이것은 실행하여 성과를 달성하는 데 꼭 필요한 것이다.

끝까지 완수하는 데는 훈련이 필요하지만, 과정을 감독하고 평가하는 과정도 필요하다. "시작이 반이다."라는 말처럼 시작하면 끝까지 완수해야 한다. 행동 사항, 프로젝트 플랜, 위임된 것, 모든 가능한 계획을 끝까지 완수하라.

어떤 일을 하기로 했으면 끝까지 밀어붙여야 한다. 주어진 일을 끝까지 밀어붙이고 직속 상사가 맡긴 일을 끝까지 완수함으로써 조직 내에서 자신을 다른 사람과 차별화시켜야 한다. 책임감을 실현시키는 것이 바로 이 '완수'이다. 자신의 말을 지키고 주어진 일을 끝까지 하는 사람으로 인정받는 것은 조직에서 신뢰를 쌓는 지름길이다.

잭 웰치가 얼마나 철저하게 임원들에게 책임을 부여했는지 알고 싶으면 잭 웰치의 〈끝없는 도전과 용기Straight from the Gut〉를 읽어보기를 권한다. 완수해야 할 때가 오거나 현황 보고 회의가 열리면 웰치의 부하 임원들은 분명히 준비가 되어 있었다. 그들은 행동을 끝까지 완수했기 때문이다. 그렇지만 더욱 중요한 것은 '책임'이었다.

4. 책임 이것은 완수, 효율적 위임과 관련이 있다. 대통령에서 고위 장성, CEO, 비즈니스 부서장에 이르기까지 성공한 리더라고 모든 것을 직접 다 하지는 않는다. 리더는 적임자를 적

소에 배치하고 그 결과에 책임을 지게 해야 한다. 책임지는 것은 성공에 대한 명확하고 구체적인 평가 기준에서 비롯된다.

미국 비밀경찰국 국장인 마크 설리번은 책임진다는 말에 크게 공감했다고 내게 말한 적이 있다. 2006년 5월 미국 비밀경찰국 국장이 된 후 설리번의 어깨에는 무거운 책임이 지워졌다. 설리번 국장이 성공할 수 있었던 비결 가운데 하나는 부국장이나 과장에게 전적으로 책임을 위임한 것이다.

책임은 단계적으로 말단까지 내려간다. 이것은 신뢰를 바탕으로 한 관계를 만드는 것이 자신의 책임과 목표를 명확히 이해하는 조직을 만드는 것만큼 중요하다.

야전 사령관은 팀의 도움을 받아 계획을 실행에 옮긴다. 그러나 부대 지휘권을 장교에게 위임하되 실행 결과에 책임을 지게 해야 한다. 프로젝트 매니저도 팀원에게 위임하는 방식으로 팀을 이끌되 주요한 것에 대해 책임을 지게 해야 한다.

실행에는 이 모든 것, 곧 참여한 팀이나 조직, 명확한 성공 평가 기준과 함께 끝까지 완수하는 훈련, 이런 기준에 책임을 지게 하는 것이 필요하다.

변화 실행 공식

전략 실행이 변화 실행과 관련 있을 때가 있다. 나의 고객 한 사람은 세계적인 서비스 조직에 하버드 비즈니스 스쿨과 보스턴 대학 교수진이 소개한 변화 실행 공식을 언제나 다른 기업보다 앞서서 실행하였다. 나는 이 모델이 매우 실천적인 것이라고 생각한다.

'효율적인 변화는 변화 비용보다 큰 비전을 달성하기 위해 현 상태 X의 불만을 미래 상태 X의 실천 첫 단계로 바꾸는 것이다.'

이 말을 좀더 분석해 보기로 하자. 불만 정도가 높으면 조직이나 조직 구성원은 변화할 준비를 한다. 커다란 위기감이 나돌고, 변화의 필요성이 분명해진다. 리더는 변화의 필요성을 강조하기 위해 상황을 거듭 전달해야 한다.

2006년 11월 미국 중간선거 중에 민주당은 유권자의 불만을 감지했다. 현직의원에 대항해서 출마한 후보자는 불만을 강조하는 메시지를 쉴 새 없이 각 가정으로 전달했다. 유권자들은 이 메시지에 세뇌되어 그를 지지했다.

명확하고 절박한 비전을 만들어 제시하는 것이 그 다음 큰 단계였다. 명확하고 절박한 비전을 만들어 실천의 첫 단계에 들어감으로써 실천이 이루어진다. 이 모든 것의 총체는 변화 비용보다 커야 한다. 비용은 재무 용어로 평가되는 것이 아니라 변화에 감명 받은 사람들의 마음속에 있는 것이다. 이것이 변화를 실행해야 할 리더가 할 일이다.

실천의 첫 단계에 대한 짧은 예를 하나 들기로 한다. 존 대니엘리는 IT업계에서 매우 성공한 회사인 컴퓨터머천트의 창업자이자 CEO였다. 대니엘리는 이렇게 말한다. "크든 작든 리스트를 만들어라. 월간 계획표를 만들어서 밀어붙여라. 나는 월간 계획을 좋아한다. 한 달 내에 이루면 6개월 앞을 걱정하지 않아도 되기 때문이다."

전략 실행 도구

수년 전 프로젝트를 관리할 때 배운 기본적이고 유용한 프로젝트 계획 도구가 있다. '작업분해도'work breakdown structure 라는 것이다. 이것은 프로젝트를 실행하기 위해 해야 할 작업을 분석하는 논리적 과정이다. 실행하기 위해 해야 할 작업의 분석은 '계획', '조직', '실행', '제어' 같은 기본적인 관리 기능과 관련이 있다. 계획을 세우고 '실행하는' 과정을 확인하는 데 이것보다 더 효율적이고 효과적인 방법은 없다. 이 프로세스는 전략을 실행하는 고급 수준에서뿐만 아니라 계획을 실행하는 기본 수준에서도 사용될 수 있다.

프로젝트 관리는 실행과 관련이 있다. 다시 말해서 제때에 그리고 예산 범위 내에서 프로젝트가 실행되게 하고 목표에 설명된 특수한 요구 사항들을 충족하는 것을 보증하는 것이다. 이해하기 쉬운 예를 들기로 한다. 당신이 30만 달러(땅값 포함)로 9개월 내에 집을 한 채 짓고 싶다고 하자.

**30만 달러로 9개월 내에 집을 한 채 짓는 데
필요한 건축 계획과 내역서**

건축 계획	부지 정리	골조 공사	기타 공사
직무 1	직무 8	직무 12	직무 19
직무 2	직무 9	직무 13	직무 20
직무 3	직무 10	직무 14	직무 21
직무 4	직무 11	직무 15	직무 22
직무 5		직무 16	직무 23
직무 6		직무 17	직무 24
직무 7		직무 18	

확인된 직무로부터 주요업체에 책임을 할당하고 이 사람들에게 책임을 지울 수 있다. 그 다음 단계는 '완수'로써 적절한 과정을 결정하여 작업이 계획대로 이루어지도록 하는 것과 사람들이 실행하는 것을 확인하는 것이다. 이것이 효율적 실행의 요체이다. 이것은 일을 되는대로 내버려두고 작업이 이루어질 것으로 믿는 것과 정반대이다. 책임 의식을 가지고 있고 지속적이고 엄격하게 끝까지 완수한다는 것을 알면 성공 기회가 많아진다.

실행하는 데 필요한 작업을 모두 확인해 놓은 작업 분류에서 네트워크 다이어그램network diagram이나 선행 다이어그램precedence diagram을 이용하는 작업으로 모두 분류할 수 있다. 이 다이어그램은 각 작업에 필요한 의존과 상호 의존을 모두 보여준다는 점에서 유용한 것이다. 이것은 다음 작업에 들어가기 전에 완성해야 할 작업이 무엇인지 보여준다. 동시에 어떤 작업을 할 수 있는지도 보여준다.

네트워크 다이어그램이나 선행 다이어그램은 '임계경로' critical path(한 가지 조작에서 반드시 거쳐야 할 논리적 과정 중 가장 시간이 많이 걸리는 것 – 옮긴이)를 확인할 수 있다는 점에서 중요하다. 임계경로는 다이어그램에서 '시간'이 가장 많이 걸리는 경로이다. 이 임계경로는 프로젝트를 완성하는 데 걸리는 시간을 보여준다. 임계경로에는 느슨한 시간이 없다. 어떤 작업이 임계경로에서 지연되면 프로젝트나 도전과제 완료일이 위태로워진다. 관리하는 측면에서 당신은 임계경로상의 모든 행동에 특별한 주의(예컨대 끝까지 밀어붙이기)를 기울일 수 있다.

회사 이야기로 돌아가서 말하자면, 실행계획 분석은 다음과 같을지도 모른다.

회사의 목표

전략	전략	전략	전략	전략
도전과제 1	도전과제 2	도전과제 3	도전과제 4	도전과제 5

전략 도전과제나 목표와 결합된, 일련의 부서나 조직 도전과제 또는 비즈니스 계획 실행계획 분류를 다른 방법으로 보기로 하자.

회사의 목표

제조전략	마케팅전략	판매전략	HR전략	R&D전략
세부 도전과제 1	세부 도전과제 2	세부 도전과제 3	세부 도전과제 4	세부 도전과제 5

지난 수년 간 내게 감명을 준 또다른 실행 도구는 맥킨지가 개발한 '7S 모델'이다. 맥킨지는 회사가 전략을 개발하게끔 도와주는 관리 컨설팅 회사이다. 이 실행접근법이 꼭 필요한 이유는 네로 황제의 고문 페트로니우스가 증명한 것과 같이 실행을 위한 조직에 초점을 맞추는 전형적 개념 이상의 것이기 때문이다.

7S 모델은 전략이나 구조 이외의 많은 요소와 회사의 독특한 문화를 고려함으로써 전략실행 문제를 포괄적으로 생각하게 하는 것을 조직에 허용한다. 이 비즈니스 요소들은 'S'로 시작된다.

이것들은 하드 S와 소프트 S로 나누어진다. 7S는 모두 중요하고 꼭 필요한 것이다. 사슬처럼 이것은 약하게 결합되어 있을 때도 강하다. 수학에서 어떤 수에 0을 곱하면 0이 되듯이 각 S는 모두 고려되어야 한다. 하나라도 빠지면 실행에 실패할 위험에 처한다. 7S는 결합되어야 한다.

전통적 비즈니스 관행은 소프트 S를 고려하지 않고 하드 S를 중시해 왔다. 하드 S는 우리한테 낯익은 것이다. 하드 S는 볼 수 있고 손을 얹을 수도 있는 것이다. 이미 짐작하겠지만, 실행 성공 기회를 증가시키려면 하드 S와 소프트 S가 둘 다 있어야 한다. 흔히 소프트 S를 무시하지만, 실행 과정에 차이가 나는 것은 바로 이 소프트 S 때문이다.

하드 S의 구성

전략 Strategy 목표를 달성하는 데 필요한 계획, 접근법, 방법, 또는 로드맵.

구조 Structure 실행하기 위한 조직. 이것은 새로운 것이 아니다. 페트로니우스는 이렇게 말했다. "우리는 열심히 훈련했다. 그러나 팀을 이루려고 할 때마다 다시 조직해야 할 것처럼 보였다. 우리는 어떤 새로운 상황에 부딪칠 때 새로운 조직을 만들게 마련이다. 그것은 혼란, 비효율, 도덕적 타락을 불식하고 발전이라는 환상을 심어주는 놀라운 방법이 될 수 있다."

시스템 System 정보를 찾아 이용하기 위한 공식적, 비공식적 체계와 절차.

소프트 S의 구성

모든 차이가 소프트 S 때문에 생기는데도 소프트 S는 무시된다.

스타일 Style   관리, 리더십, 행동 스타일과 경영진의 행동 양식. 경영진은 무엇을 강조하는가? 무엇에 주의를 기울이는가? 이들의 행동은 회사의 일반적 스타일에 대해 무엇을 말해 주는가? 경영진은 말대로 실천하는가? 이것은 조직의 개성이라고 할 수도 있다.

스태프 Staff 유능한 직원에 대한 전략은 무엇인가? 유능한 직원을 어떻게 뽑고 관리하고 키우는가? 잠재력을 가진 직원을 발전시키는 데 초점이 맞추어져 있는가? 리더의 배경은 무엇인가?

기술 Skills   조직의 독특한 능력. 공유된 가치Shared Values. 이것은 다른 모든 S가 둘러싸고 있는 중심이 된다. 공유된 가치는 회사 문화의 토대를 이룬다.

7S가 독특한 이유는 전략, 구조, 시스템처럼 전통적으로 비즈니스에서 강조하는 것을 넘어 공유된 가치, 기술, 관리 및 리더십 스타일, 스태프 전략처럼 그동안 소홀히 여겨져 왔으나 실행에 매우 중요한 역할을 하는 것을 강조하기 때문이다. 중요한 것은 이 7개를 결합하고 모순되지 않게 일치시키는 것이다. 그렇게 하면 도전과제를 효율적으로 실행할 수 있다.

내가 수년 전 어떤 고객한테서 얻어낸 것도 7S 모델과 비슷하다. 나는 이것을 '시너지 모델' 또는 '피트 모델'이라고 한다. 이것은 다음과 같은 것을 포함하는, 상호 연결된 조직의 구성 요소를 나타내는 조직 설계이다.

작업 목표를 달성하고 전략을 실행하는 데 필요한 일, 직업, 역할의 본질.

조직 구조 목표를 달성하고 전략을 실행하는 데는 조직 구조가 필요하다. 노동력 나누기, 부서 나누기, 배열, 결합을 포함한다.

유능한 직원 전략 전 직원을 개발하기 위한 인적 시스템. 채용 절차, 교육 및 계발 전략, 전근 및 승진 전략을 포함한다.

정보 및 결정 시스템 목표 및 전략과 일치하는, 시의 적절하고 타당한 결정을 내리기 위해 올바른 정보를 제공하는 내부 시스템 및 관리 절차.

보상 및 인정 시스템 성과와 행동을 인정해주고 보상해주는 것을 보증하는 공식적, 비공식적 시스템.

7S 모델과 마찬가지로 이것들도 비즈니스 전략 및 문화와 연결되어야 한다. 변수가 결합되고 서로 돕도록 조직을 계획하고 관리하고 리드하는 것이 중요하다.

어떻게 직원을 조직의 목표와 전략에 참여시키고 그들에게 책임을 지울 것인가?

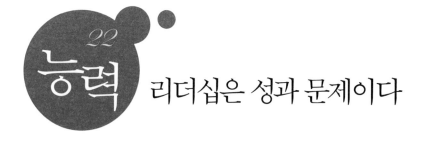

22 능력
리더십은 성과 문제이다

> **"능력이 뛰어난 사람이 아니라 인품이 훌륭한 사람을 골라내라.
> 이 사람들에게 충분한 권한을 주고 지위에 따른 책임을 부여하여
> 일을 잘 해냈다는 자부심과 만족감을 이루어내게 하라."**
> – 윌리엄 페일리, 전 CBS CEO

　사람들은 능력을 좋아하는 것 같다. 능력은 안전지대이다. 밤에 귀가하는 차 안에서 회사 직원들이 맡은 일을 제대로 하고 있는지 걱정하는 CEO를 본 적이 있는가? CEO가 걱정하는 문제는 수익 또는 이윤증가, 시장확장, 경쟁위협, 규제문제, 세계화문제, 실행전략 같은 것들이다. 경기가 침체기일 때는 회사에서 인증되고 CEO가 후원한, 능력 위주의 리더십 훈련 프로그램이 정말 놀랄 정도로 빨리 중단되고, 훈련 부서 또한 빨리 해체된다. 경기가 좋을 때에도 능력을 계발하는 것은 중요

한 일로 간주되지 않는다. 능력개발은 비즈니스에 꼭 필요한 것이 아니라 기껏해야 하면 좋은 것으로 간주될 따름이다.

　나는 리더십 능력에 문제가 있다고 말하지는 않는다. 그것은 나름대로 역할이 있다. 하지만 일관되게 적용하는, 타당하고 객관적인 모델에 반대하는 리더십 능력을 조직이 평가해야 할 때가 있다. 그리고 나는 능력 계발이 곧 실행 및 성과와 같다고 는 생각하지 않는다. 또 비즈니스 재능, 소통, 전략적 사고, 위임, 용기의 과시 등 리더십 능력에 문제가 있다고도 말하지 않는다. 나는 이것들은 계발해도 '좋은' 것이라는 것과 리더십 계발의 초점이 잘못된 곳에 있다는 것을 말하려고 한다.

　리더십은 '성과'와 관련이 있다. 나는 능력 계발이 성과와 확실하게 연관되어 있다는 증거를 아직 보지 못했다. 지금도 확신이 서지 않고, 이 점에서 어떤 확실한 견해를 아직 듣지 못했다. 이런 말과 함께 나는 한 가지 사실, 곧 뛰어난 성과를 올리는 것은 부적절한 행동 즉 조직의 가치와 일치하지 않는 행동을 통해서는 생겨나지 않는다는 점을 경고하려고 한다.

　GE는 관리자의 행동으로 실행과 성과를 평가하는 회사이다. 지속적이고 장기적인 실행은 가치에 입각한 행동의 결과이다. 이것이 페일리의 말을 인용한 이유이다. 애매한 말이지만, 풋

내기 시절에 들은 이 말은 내게는 늘 의미심장했다.

실행과 성과는 리더의 성장을 촉진한다. 성과를 올리기 위해 사람들을 책임질 수 있는 자리에 두어라. 그러면 분명히 리더가 효율적으로 성장할 것이다. 리더는 적절한 능력을 보여줄 수도 있고, 보여주지 못할 수도 있다(아마도 보여주려고 할 것이다). 그러나 이들이 성실하게 성과를 올리느냐 않느냐는 것은 중요하지 않다. 성실은 이들이 회사의 가치를 보여주고 본보기로 삼는다는 것을 말한다.

적합한 능력을 강요하지 말고, 리더의 능력이 계발된다고 조직의 목표가 달성될 것으로 기대하지 마라. 그렇게 되지는 않는다. 나는 HR 전문가들이 능력의 역할을 강조하지 않고 회사, 조직, 리더가 성과를 달성할 능력을 가지고 있다는 것을 보증하는 데 초점을 맞추고 있다고 생각한다. 바로 이런 이유에서 HR은 조직에서 정말 중요하다.

또한 HR 담당 부사장은 최고 계발 관리자 곧 조직이 목표를 달성할 수 있도록 조직의 능력 계발을 책임지는 사람 역할을 할 수도 있다. 솔직히 말해서 이것은 조직 내의 모든 사람들이 실행 및 성과와 아무 관련이 없는 것으로 알고 있는 몇 가지 능력을 개발하는 법을 주도하는 HR 부서와는 완전히 다르다.

케이스 스터디

2007년 1월호 〈하버드 비즈니스 스쿨〉은 '리더 테스트'라는 표제가 붙은 특별판에서 재미있는 케이스 스터디를 다루었다. 이 특별판의 케이스 스터디 제목은 '고위직 관리자의 역할 모델 찾기'였다. 이 생생한 케이스 스터디에서 HR 부서는 조직에서 리더의 능력 모델을 만들고 있었다. 판매 담당 부사장은 판매 부진을 이유로 얼마 전에 해고되었다. 리더십 팀은 판매 부사장 충원 문제, 앞으로 적절한 리더를 뽑아 발전시킬 전략을 만드는 문제 때문에 HR 부서를 보고 있었다.

요지는 이렇다. 케이스 끝에 〈하버드 비즈니스 스쿨〉은 전문적 충고를 해줄 유명한 해설가 4명을 뽑았다. 대기업 회장, HR 담당 이사, HR 신입사원, HR 강사이다. 이들의 역할은 큰 효과를 발휘했다. 내 생각으로는 HR 담당 이사가 해결책으로써 리더십 능력 모델을 만든 접근법에 대해 대기업 회장이 가장 통찰력 있고 실제적인 의견을 제시한 것으로 보인다.

이 회장은 "그들은 틀린 문제를 언급하고 있습니다."라고 말한다. 회장 말이 옳다. 그것은 능력 문제가 아니다. 그는 그것이 문화 문제이고 문화는 실행과 성과에 중요한 역할을 한다고 생각하고 있다.

그는 관찰을 끝내고 "철학적 신념에 뿌리를 두고 있지 않은 능력 모델은 흔해 빠진 비즈니스 상투어에 지나지 않는다고 사람들은 생각합니다."라고 말한다. 다른 HR 담당 이사들은 능력 문제를 언급할 것이다. 이들은 나름대로 크게 성공을 거두고, 이 성공은 당연한 것이다.

그러나 이들은 능력에 초점을 맞춘, 일반적으로 받아들여지는 HR 패러다임을 취한다. 논평을 자세히 읽어보면 HR 전문가마다 능력이 무엇인지 정의를 다르게 내리고 있음을 알 것이다. 내 눈에 띈 단어는 이런 것이었다.

기술, 행동, 지표, 원리, 차원, 숙련, 주제, 리더십 기초, 개인적 속성, 능력, 추가 속성, 리더를 만들기 위해 '훈련된 접근법' 이용하기. 그러나 CEO들은 능력을 그다지 진지하게 받아들이지 않는다. CEO들은 실행과 성과에 관심을 더 많이 가지고 있다.

당신 조직은 능력을 얼마만큼 소중히 여기고 있다고 생각하는가? 능력은 성과와 무관하다는 전제에 동의하는가?

B급 재능 관리는 훌륭한 비즈니스이다

"일류 회사는 평사원을 품질과 생산성의 근본 자원으로 간주한다."
– 톰 피터스, 경영컨설턴트

오늘날 CEO들은 회사가 튼튼한 기초를 구축하고 지속적으로 성과를 올리도록 미래의 리더들이 도와주는 것이 비즈니스에서 얼마나 중요한지 비로소 인정하고 있다. 이것은 이제 HR 권한이 아니다. 이것은 가장 수준 높은 회사 전략의 핵심 요소이다. 십여 년 전에 출간된 맥킨지의 〈인재 전쟁War for Talent〉은 이제 비즈니스 현실이 되었다.

무형자산인 인적자본이 회사 가치를 결정하는 데 중요한 요소이고 회사를 경쟁 우위에 서게 하는 것이라면 왜 잠재력이 매우 큰 사람 또는 고위 리더의 후계자로 간주되는 사람에게만 초점을 맞출까?

물론 최고경영자의 잠재적 후계자를 정하는 것도 중요하고, 유능한 직원을 전략적으로 관리하는 것도 중요하다고 생각하는 사람이니까 오해는 마시라.

그러나 잠재력이 아주 큰 사람을 찾아 계발하여 고위 리더로 만드는 회사는 약 5퍼센트밖에 되지 않는다. 게다가 이들 중 재능도 있고 야심도 있는 사람은 곧 경쟁업체로 스카우트되어 갈 것이다. 나머지 95퍼센트는 어떤가? 당신이 실적이 두드러지지 못하고 좀 한가한 직원이라면 회사 인력의 75퍼센트에 속할 것이다.

많은 직원이 노하우와 노후를 멋지게 조율하는 지식의 시대에 당신은 이 중요한 자산을 무시할 수 없다. 실행에 영향을 미치는 사람은 바로 충성스럽고 실행력이 강한 직원이다.

미래의 지도자를 계발하는 것은 대다수 고위 리더에게는 단순한 후계자 풀Pool 문제가 아니다. 그것은 회사 내의 유능한 직원을 모두 계발하는 문제이고, 회사가 전략을 실행하고 목표를 달성하는 데 필요한 조직 전체의 능력을 계발하는 문제이다.

하버드 비즈니스 스쿨의 토머스 드롱 박사와 카첸바흐 파트너즈 뉴욕 사무소의 컨설턴트인 비네타 비자야라가반은 〈하버드 비즈니스 리뷰〉 2003년 6월 호에 'B급 직원에게도 귀를 기울이자' 라는 제목의 글을 게재했다.

"… 20년에 걸친 컨설팅, 연구, 강의 경험 끝에 우리는 회사의 생존과 장기적 성과는 B급 직원의 헌신과 기여에 더 많이 달려 있다는 것을 알았다. 꾸준히 실행하는, 이들 유능한 직원은 비즈니스 세계에서 가장 든든한 행동가이다."

공감하지 않을 수 없다. 실행에 필요한 사람은 바로 이들 B급 직원이다. 당신이 회사에 남아주기를 바라는 사람도 바로 이들 B급 직원이다. 이들이 회사를 떠나면 무엇을 가지고 떠날까? 노하우와 중요한 노후(일을 돌아가게 하는 네트워크와 고객 관계)를 모두 가지고 떠난다.

B급 직원은 미래의 부사장이 아닐지 모르지만, 회사 정체성과 지속적 발전의 토대이다. 이들은 탄탄한 실행가이고 충실한 직원이다. 또 회사에 충성을 다하는 사람이다. 이들은 당신이 믿고 의지할 수 있는 사람이다. 이들은 높은 잠재력을 가진 사람이라기보다 다른 방법으로 계발시켜야 할 필요가 있는 사람이다.

로크웰 오토메이션 리더십 연구소 소장으로 있을 때 나는 회사에 믿을 만하고 충성스런 직원이 있어야 한다는 것을 금방 깨달았다. 우리는 높은 잠재력을 가진 사람과는 관계없는 사람의 계발 전략을 확인했다. 이들 B급 직원은 계속 성장하고 생산적으로 일하고 회사가 비전을 달성하도록 도와주고 7가지 전략 도전 과제를 실행할 수 있도록 여전히 계발되어야 할 필요가 있다.

나는 이것이 멋진 비즈니스일 것으로 생각한다. 그러기 위해서는 A급 직원이나 잠재력이 높은 직원과는 다른 재능 전략과 계발 전략이 있어야 한다. 이 중요한 사람들의 가치나 공헌을 과소평가하지 마라. 충성스러운 직원은 분명히 경제적 이익을 가져다준다.

재능과 지위로 인재 관리에 접근하기

하고 싶은 것을 마음대로 할 자금을 무한히 가지고 있지 않다는 점에서 기업은 정부와 비슷하다. 기업이 인재를 선발하고 계발하고 유지하기 위한 자금에는 한계가 있다. 늘 그렇듯이 자금이 한정되어 있을 때는 우선순위를 정해야 한다. 따라서 재능이 확인된 직원에게 투자하기보다는 재능 있는 직원을 계발하는 의미에서 이들에게 '핵심 역할'을 맡겨주는 것이 좋다.

회사는 모든 부서의 모든 직원에게 투자할 돈이 없다. 이 때문에 우선순위가 필요하다. '핵심 역할'은 전략적 역할을 말한다. 쉽게 말하자면 로펌의 핵심 역할자는 변호사이고, 엔지니어링 컨설팅 회사의 핵심 역할자는 엔지니어이다.

핵심 역할자가 있으면 이 분야에 능력 있는 사람이 부족할 때면 그 영향은 더욱 커진다. 성과가 지속적으로 높지 않을 때 그 결과는 더욱 커진다. 또 잘못된 채용 결정이 내려질 때면 결과는 더욱 커진다. 결국 핵심 역할을 맡은 인재가 회사를 떠날 때 조직에 미치는 영향은 더욱 커진다.

루트거 경영 및 노동관계학교의 교수 마크 후저리드와 리처드 비애티, 뉴욕 서니 버팔로 경영학교 교수 브라이언 베커는 2005년 12월 호 〈하버드 비즈니스 리뷰〉에 "A급 직원? A급 지위?"라는 제목의 글을 게재했다.

저자들은 직접 전략적 충격을 주고 시장에 더 높은 가치를 가져다주는 사람의 지위를 'A급 지위'라고 한다. 이들은 다음과 같은 사실을 전제로 하고 있다.

"A급 직원을 발굴해서 계발하는 것을 강조하는 것은 잘못된 것이다. 전략적으로 중요한 자리를 확인하고 난 다음 적임자를 그 자리에 앉히는 것이 더 좋은 접근법이다."

이것은 재능과 지위를 따로 다루는 것이 아니라 같이 다루는 것을 의미한다. 전략의 핵심은 선택이고(자금이 늘 한정되어 있기 때문이다), 인재관리는 선택을 요한다는 점에서 전략이다.

이런 식으로 인재를 관리하고 직원에 투자한다는 견해는 당신의 견해 또는 조직의 관행과 일치하는가, 일치하지 않는가?

직원 고객보다 직원을 중시하라

"고객은 손님처럼, 직원은 가족처럼 대하라"
– 톰 피터스, 경영컨설턴트

　고객보다 직원을 중시하는 것은 비즈니스 스쿨에서 배운 내용과는 어긋나는 것처럼 보인다. 일반적인 견해는 고객을 더 중시하는 것이다. 앞에서 나는 고객을 창출하고 유지하는 것이 비즈니스의 목적이라고 했다. 그렇지만 고객을 중시하고 또 고객을 창출하고 '유지하기' 위해서는 먼저 직원을 중시해야 한다. 그 이유를 살펴보기로 하자.

　■ 여러 연구에 따르면 고객의 충성도와 수익성장률 또는 이윤 간에

는 큰 상관관계가 있다. "회사에 가장 충성스러운 고객이 가장 큰 이윤을 가져다준다."

■ 바인 앤 컴퍼니의 이사였던 프레데릭 라이히헬트는 〈충성 효과 Loyalty Effect〉라는 책에서 '고객충성 경제학'을 요약해서 설명 했다.

1. 새 고객을 확보하는 데 드는 비용 : 기존 고객을 유지하는 것보다 새 고객을 확보하는 데 드는 비용이 10배 더 들어간다.

2. 충성스러운 고객일수록 더 많은 수익을 가져다준다.

3. 고객당 수익 증가 : 고객은 시간이 지남에 따라 소비를 늘리기 마련이다.

4. 영업비용 : 고객이 당신을 알고 당신이 고객을 알수록 구매 절차가 효율적이다.

5. 소개한 사람은 중요한 판매원(源)이기 때문에 판매비용에 크게 영향을 미친다.

6. 가격 프리미엄 : 신뢰를 바탕으로 관계를 만든 고객이나 회사 제품과 서비스를 잘 알 만큼 오래 거래한 고객은 가격에 덜 민감하게 마련이다.

7. 충성스러운 고객은 5, 6배나 더 사는 경향이 있다.

■ 제품이나 서비스의 질이 일관되면 고객의 만족도나 충성도가 높아진다.

- 충성스러운 고객은 고객에게 공급되는 제품이나 서비스의 질에 영향을 미친다. 다시 말해서 고객과의 관계나 업무의 질을 통해 충성스러운 고객층을 만드는 것은 바로 충성스러운 직원이다.

- 충성스러운 직원은 생산적이고 능률적이며 회사를 떠나지 않는 경향이 있다. 충성스러운 직원 계층을 만드는 경제학도 있다. 스카우트 비용부터 시작해서 신입사원을 뽑고 교육해서 새 조직에서 충분히 생산적으로 활동하게 하는 데는 비용이 많이 든다. 직원이 떠날 때 가지고 가는 것, 예컨대 노하우와 노후에 관련된 비용도 있다. 노후는 고객관계, 공급업체 관계, 내부관계 등을 말한다.

- 충성스러운 직원은 자신의 역할을 수행하여 궁극적으로 고객을 위해 고품질의 서비스를 제공하고, 이것은 고품질의 제품을 만들어내는 내부 과정에서 생겨난다. 내부 과정에는 시스템, 도구, 의사결정 범위, 실행 과정, 훈련 및 계발 기회, 보상 및 인정 과정, 문화 요인 등이 포함될 수 있다. 직원이 업무를 효율적이고 일관되게 처리하게 해주는 것은 바로 이런 것들이다.

- '이런 이유에서 고객보다 직원을 중시하는 것이 중요하고, 이런 것이 좋은 비즈니스이다. 고객의 충성은 직원의 충성에서 나오고, 직원의 충성은 좋은 관리(B급 직원에게 신경 쓰는 것)에서 나온다.'

충성스러운 고객은 그저 생기지 않는다. 충성스러운 고객은 충성스러운 직원에게서 나온다. 이것은 HR이 그 조직에 얼마나 중요한 것인지 확인하고 보여주는 중요한 방법의 하나이다. HR은 고객 충성도, 다시 말해서 수익 또는 이윤 증가에 영향을 미친다.

유명한 건축가인 레드 아우어바흐가 쓴 리더십 책에는 "충성은 양방향 도로이다."라는 장이 있다. 당신은 충성스러운 직원을 원하는가? 유감스럽게도 원한다고 되는 것이 아니다. 그것은 양방향 도로이고, HR은 이것을 만드는 데 중요한 전략적 역할을 해야 한다.

당신 조직은 고객에 비해 직원을 어떻게 대우하는가? 직원의 만족도와 충성도를 중시하게 되면 당신이나 당신 조직은 무엇을 이전과 달리 할 수 있는가?

2인자 회의실의 플레이어가 되라

25

"자신의 운명을 컨트롤하라. 그렇지 않으면 죽는다."
— 잭 웰치, 전 GE 회장.

　HR 전문가로서 회사를 최고 기업으로 올려놓은 〈포춘〉 500
대 기업 CEO 이야기를 들은 적이 있는가? CEO의 배경과 경력
을 추적해 보면 대개 재무, 판매, 마케팅, 영업 부문에서 근무
했다는 것을 알 수 있다.

　대다수 회사는 C급 룸에서 일하는 HR 전문가를 그다지 신뢰
하지 않는다. 왜 그럴까? 1970년대 이래 HR 교과서나 인력 관
리 교과서에 적힌 대로 HR이 중요한 전략적 역할을 한다면 왜
HR이 이렇게 홀대받고 있을까? 나는 HR 전문가들이 그들의

가치를 보여주지 않았다고 생각한다.

잭 웰치는 〈위대한 승리〉에서 이렇게 말한다. "분명히 HR 책임자는 조직에서 2인자가 되어야 한다. CEO 입장에서 보면 HR 담당 이사는 적어도 CFO와 맞먹어야 한다." 웰치가 든 비유는 다른 것에도 적용될 수 있다. "당신이 야구팀 구단주라면 재정 담당자 말을 듣겠는가, 선수 담당자 말을 듣겠는가?"

물론 야구는 재능 있는 선수를 골라 키워서 성과를 올리는 재능 전략과 관련이 있다. 그렇지만 오늘날과 같은 지식 시대에는 같은 원리가 비즈니스에도 적용되어야 마땅하다. 그런데 HR은 왜 홀대받을까?

그것은 과거의 인력개발팀 시대에 만들어진 정신적 모델에서 비롯된다. 인력개발팀은 고용, 이익관리, 보상관리, 회사의 방침 및 절차의 유지를 중시했다. 인력이라는 말은 인적자원이라는 말로 발전했다. 그러나 이 두 말은 어쩐지 비슷한 뉘앙스를 풍기고, 인적자원이라는 말에는 가장 중요한 인적자산 또는 조직능력 계발이라는 뜻이 담겨 있는 것 같지 않다. HR은 회사의 지렛대 역할을 하고 전략을 실행하고 성과를 달성하기 위해 무엇을 했는가?

나는 많은 회사에서 능력계발 도전과제와 교육을 회사 사정이 어렵다는 이유로 보류하는 것을 여러 번 보았다. 비즈니스에 중요한 것이라면 당연히 CEO가 이것들을 미룰 리가 없다. 나는 HR 전문가가 전략 실행에 필요한 능력 계발을 보증함으로써 전략적으로 CDO(인력계발 담당 최고경영자) 지위에 올라가야 한다고 생각한다. 많은 CEO가 그러기를 바라고 있다고 생각한다.

펩시콜라 CEO였던 로저 엔리코는 이렇게 말한 적이 있다. "나는 두 가지 일을 한다. 하나는 기업을 성장시키는 것이고, 다른 하나는 첫 번째 목표를 달성하도록 도와주는 직원을 발굴하여 키우는 것이다." 전 IBM 회장 루 거스너는 〈코끼리를 춤추게 하라〉에서 "문화는 게임의 일면이 아니라 게임 '자체'이다."라고 말한다. 이어서 "결국 조직이란 가치를 창조하는 사람의 집합에 지나지 않는다."고 덧붙였다.

세계 최고 기업 CEO의 말은 HR이 중요한 목표를 달성하기 위해 필요한 문화에 영향을 미치고 재능 전략을 구사함으로써 조직이 가치를 창조하게 만들어야 함을 보여준다.

실제로 HR이 선두에 설 것인가? CEO가 그렇게 하도록 내버려둘까? 그런 경우는 매우 드물다. 나는 이런 조직을 지금도 찾고 있다. 특히 오늘날과 같은 지식 시대, 글로벌한 공격적 경쟁 시대에는 HR은 자신의 가치와 목적을 보여줄 기회가 있다. HR 전문가가 회의실에서 환영받는 플레이어가 되는 것을 몹시 보고 싶다. 또 그렇게 되어야 한다. 모든 비즈니스에는 HR이 제공해 줄 수 있는 리더십과 가치가 필요하다. 오늘날 기업의 가치는 과거 어느 때보다도 회계 담당자가 쉽게 평가할 수 있는 유형 자산이 아니라 무형 자산으로 결정된다.

나는 CEO의 코치이자 신뢰받는 고문이며 절친한 친구로서 특별한 가치를 제공한 HR 담당 임원을 몇 명 보았다. 그러나 이런 뛰어난 HR 담당 임원은 CEO 후계 문제에서 항상 뒤로 밀린다.

HR이 전략적으로 CDO 지위까지 올라갈 수 있으면 회의실에서 환영받는 플레이어가 될 것이고, 웰치의 말대로 조직의 2인자가 될 것이라고 생각한다. 전략적 효과를 보여주기 위해 HR은 다음과 같이 되어야 한다.

- 회사 전략 실행에 필요한 능력(회사에 꼭 필요하지 않은 것은 아웃소싱하는 것)을 계발한다.
- 채용, 계발, 유지, 계승 계획과 관련된 인재 전략을 세우고 실행한다.
- 실행 전략을 세워서 실행한다.
- 회사의 사명, 비전, 전략과 결합된 문화적 우선순위를 확인함으로써 회사를 위해 핵심 전환기구가 되어야 한다.

- 구조, 시스템, 과정, 보상 및 인정 등과 관련된 효율적인 도전 과제를 확인하고 실행한다.
- 여러 부서의 제휴를 보증한다.
- 회사의 균형 잡힌 채점표와 HR 자신의 채점표를 관리한다.
- 비즈니스 성과와 주식 가치에 관련된 HR 역할의 재무적 효과와 ROI의 인적자본(사람과 지식)을 확인한다.

어떻게 하면 HR 전문가가 자신을 차별화하여 기업의 핵심 인물이 될 수 있을까?

HR 전문가로 성공하기

"기업 경영은 95퍼센트가 사람이고, 5퍼센트가 경제이다."

조지프 패트른차크는 매사추세츠 블루 크로스 블루 실드 BCBSMA 부사장이자 HR 담당 이사이다. HR 분야에서 일하면서 조지프는 모시는 보스에게 늘 신뢰받는 충고자, 카운슬러, 파트너 역을 맡아 놀라운 능력을 보여주었다. 조지프는 BCBSMA CEO 밑에서도 그렇게 했고, 디지털 이큅먼트(나중에 컴팩 컴퓨터에 합병되었다)에서 글로벌 서비스 HR 담당 부사장으로 있을 때도 그렇게 했다.

하이테크와 의료 사업이라는 완전히 다른 분야에서 일하면서도 조지프는 리더십 기술과 전략을 이용하여 앞선 전략과 HR의 가치를 보여주었다.

디지털 이큅먼트와 컴팩 컴퓨터에서 일할 때 조지프는 글로벌 서비스 담당 총괄 매니저이자 수석 부사장인 보스의 업무에 크게 도움을 주었다. 조지프가 HR 담당 부사장이 되었을 때 서비스 조직은 인력이 50퍼센트 줄어들었다. 엄청난 인력 감축과 비용 삭감은 직원 만족도와 사기, 고객 만족도에 크게 영향을 미쳤다.

조지프는 서비스 비즈니스를 재구축하는 힘든 일을 떠맡았고, 자신이 '갤럭시 오브 이니셔티브'Galaxy of Initiatives라고 부른 전략으로 인력을 재배치했다. 새로운 재배치 전략은 직원, 리더십 계발, 커뮤니케이션, 보상과 인정, 고객 만족도과 충성도 등 모든 점을 고려한 포괄적 접근법이었다.

이 전략은 생산성, 수익, 이윤을 더욱 높이기 위해 남은 인력을 재배치하는 방법에 초점을 맞추었다. 그렇게 하기 위해 조지프는 전 세계를 돌아다니며 서비스 부문에 종사하는 다양한 근로자들을 직접 만났다. 조지프는 상황과 전략을 직접 전달하고, 시간을 내어 자신의 '갤럭시 오브 이니셔티브' 전략을 효율적으로 실행할 피드백을 적극적으로 받아들였다.

그 결과, 이윤, 고객 만족도, 고객 충성도에서 세계 1, 2위를 달리는 멀티벤더 서비스 조직의 산업 애널리스트들이 디지털 이큅먼트의 서비스 조직을 인정하고 벤치마킹했다. 서비스 능력과 실행이 성공적으로 급격히 향상된 덕분에 마침내 디지털 이큅먼트와 컴팩 컴퓨터 사이에 합병이 이루어졌다. 컴팩 컴퓨터가 합병에 이끌린 것도 바로 디지털 이큅먼트 글로벌 서비스 조직의 능력과 성과 때문이었다.

회사가 매우 어려운 시기에 HR이 기여한 비즈니스 가치를 보여줌으로써 또 다른 전략 문제가 BCBSMA에 제기되었다. 먼저 조지프는 BCBSMA CEO를 대신할 사람, 곧 CEO 자리를 물려받을 COO chief operating officer 겸 회장을 물색하는 일을 맡게 되었다.

이것은 물색 방향을 정하고, 이사회의 역학 관계를 관리하고, 적절한 경영자를 뽑고, 새 경영자를 한 배에 태워 마침내 새 COO 겸 회장에게 CEO 역할을 맡기는 것이었다. 물색 과정과 뽑는 과정은 순조로웠다. 이 과정 자체가 중요한 일이었다. 새 COO는 배에 오르자마자 회사를 위해 새로운 전략 지침을 개발하고 실행해야 할 필요성에 직면했다.

조지프는 새 COO, CEO, CSO chief strategy officer와 함께 긴밀히

일함으로써 새 전략을 개발하고 창출하여 실행하는 데 HR이 선구적인 역할을 한다고 했다. 새 COO는 그가 새 전략에 해답을 가지고 있다고 생각했다. 조지프는 회사가 전략을 실행할 준비도 되어 있고 능력도 있다는 것을 보증하는 과정을 준비하는 일에 착수했다.

조지프는 고위 리더 1백 명의 참여 수준을 높이고 그 다음에는 중간 리더 5백 명의 참여 수준도 높여야 한다고 했다. 총 7백 명이 특별 리더십 회의, 잘 기획된 커뮤니케이션 과정, 전략 과정에 참가하도록 초청받았다.

그 결과, 경쟁 전망에 부합하며 더욱 적절하고 강력한 전략으로 장애를 돌파한다는 데 경영진이 만장일치로 찬성하였다. 그렇게 많은 임직원을 참여시켜 전략을 명확히 이해하고 새 전략이 실행되도록 각자의 책임을 명확히 하도록 했다. 또 전략을 실행할 능력이 회사에 있다는 것을 분명히 보여주었다.

BCBSMA의 리더들이 알아야 하고 험난한 경쟁을 당당히 헤쳐 나갈 때 고려해야 할 '전략 문제 9개'가 있다. 이 시나리오는 HR 조직의 전략적 가치와 비즈니스 초점을 이해하는 전략 중시형, 비즈니스 중시형 HR 담당 경영자의 모델을 잘 보여준다. BCBSMA의 HR 담당 최고경영자인 조지프도 전략 문제 9개를 염두에 두었다.

이것은 회사의 시장 가치, 커뮤니티 해결책 마련, 고객의 건강을 유지시키는 법, 의료 산업 시스템을 향상시키는 법, 어떤 신사업에 뛰어드는가 하는 문제, 의료보험에 들 여력을 향상시키는 법, 보험 미가입자 수를 줄이는 법 등과 관련이 있다. 이것들은 HR 문제가 아니고, HR이 주도하는 비즈니스 문제이다. 그러나 달리 보면 이것들은 HR 문제이기도 하다. HR 문제가 바로 비즈니스 문제이기 때문이다.

비즈니스 중시형 HR 전문가의 다양한 사례

나는 굴지의 케이블 회사 HR 담당 이사가 자기 회사에 대해 이야기하는 것을 들은 적이 있다. 처음 20분 간 그는 제품과 서비스(기술 전문 용어를 쓰기도 했다), 케이블 산업의 역사와 자기 회사의 역사, 케이블 산업계의 전망 등을 이야기했다. 매우 감동적인 이야기였다. 그는 비즈니스 실상을 잘 파악하고 있었다. 그런 만큼 그의 HR 전략 및 리더십 개발 전략은 회사 사정과 비즈니스 사정에 부합하는 것이었다.

그리고 세계 최대 방위산업 협력업체의 하나인 모 회사 HR 담당 부사장도 만난 적이 있다. 와튼스쿨 MBA 출신인 이 임원은 회사의 주요 영업 그룹 3개 가운데 하나를 맡고 있었다. 대화에서 내가 얻은 것은 영업 그룹의 일원이 되고 싶어 하는 그의 열정이었다. 또 회사가 조국과 싸우는 병사에게 제공할 더욱 큰 가치, 목적, 사명 등과 관련된 이슈였다.

그렇지만 그가 HR 방향이나 절차(많이 있다고 확신하지만) 또는 HR 중심 도전 과제를 이야기하는 것을 들어본 적이 없다. 그는 영업 그룹의 이해관계자와의 관계에 대해 이야기하고, 당면한 주요 문제와 기회 그리고 비즈니스에 대한 열정을 전달했다. 그는 비즈니스 전문가다웠다.

또 다른 예로는 〈포춘〉 100대 기업에 속하는 오토메이션 컨트롤 회사의 HR 담당 부사장과 나눈 대화가 생각난다. 우리가 만났을 때 그는 HR과 관련한 이야기나 HR 능력에 대해서는 한 마디도 하지 않았다. 그는 비즈니스 담당 사장과 주고받은 시스템, 조직, 운영상의 딜레마 이야기를 했다. 그들은 전략과 마케팅을 중시하는 효율적인 영업 프로세스를 고안해 구체화시키려고 하고 있었다.

그 결과, 판매 문제를 비롯한 시스템상의 문제를 확인하고 분명히 함으로써 엄청난 제품 라인을 효율적으로 관리하게 되었고, 고객 관계가 개선되고 제품 믹스가 더욱 효율적이었다.

이와 같은 HR 전문가가 점점 많아지고 있다. HR 전문가는 모든 기업에 꼭 있어야 하므로 이런 추세는 계속될 것으로 보인다.

당신이 본 HR 조직 가운데 가장 훌륭한 것을 생각해 보라. 그 조직은 왜 그렇게 효율적이었을까?

27 인적자본
조직의 가장 큰 자산은 직원이다

"조직이 가지고 있는 유일한 대체 불가능 자본은 직원의 지식과 능력이다."
– 앤드류 카네기, 기업가

　과거 어느 때보다 전략의 승패는 회사의 가장 큰 자산인 직원의 탄탄한 실행과 생산성에 달려 있다. 경영자들이 "직원이 우리 회사의 가장 큰 자산입니다."라고 말하는 것을 몇 번이나 들었는가? 그러나 이 자산은 회사의 손익계산서에 비용으로 처리된다. 이 자산을 계발하고 향상시키는 것도 마찬가지이다. 사람, 교육비, 계발비는 투자나 자산이 아니라 비용으로 간주된다.

　CEO나 CFO는 비용으로 무엇을 하려고 하는가? 이들은 비용을 최소화하려고 하고, 관리하려고 하고 될 수 있는 대로 삭감하려고 한다. 이들은 그렇게 해야 할 책무가 있다.

기업이 인적자원의 기능을 인적자본 훈련으로 발전시킬 날이 올 것이다. 기업은 비즈니스 필요상 이 기능을 발전시킬 것이다. 나는 '훈련'이라는 말을 쓴다. 영업 기능, 재무 기능, 시장 기능, R&D 기능처럼 엄격하게 관리되어야 하기 때문이다. 인적자본 책임자가 강한 비즈니스 배경이나 재무 배경을 가지는 것을 쉽게 볼 수 있으리라고 생각한다.

기업의 '최대 자산'인 사람이 엄격하게 관리되면 이 중요한 기능을 주도하기 위해 조직개발 전문가(이들이 매우 뛰어난 비즈니스 재능을 가지고 있지 않으면)가 아니라 비즈니스맨이 필요할 것이다.

인적자본은 재정자본만큼 엄격하게 관리되어야 한다. 이것은 인재를 전략적으로(경쟁 우위가 생기게) 관리하는 것을 포함한다. 〈하버드 비즈니스 스쿨〉 편집자 토머스 스튜어트는 "지적자산 관리가 비즈니스에서 가장 중요한 일이 되었다."라고 말했다.

전체를 부분의 합보다 더 크게 만들 수 있는 '유일한' 자산이라는 점에서 사람은 가장 큰 자산이다. 그러나 사람은 무형자산이다. 이것을 어떻게 평가하려고 하는가? 이것 때문에 또 훈련이 필요해진다.

메릴린치의 연구 결과에 따르면 인적 자본에서 생기는 수익 파워는 약 85퍼센트이다. 〈인적자본 투자 ROI〉 저자인 마이클 니콜즈는 레슬리 웨더리가 〈HR 매거진〉에 '사람의 가치'라는 제목으로 발표한 글을 인용하여 이렇게 말했다. 1982년 유형자산(대차대조표에 나타난 자산)은 미국 기업 평균 가치의 62퍼센트였다. 1992년에는 이 수치가 38퍼센트로 떨어졌다.

최근 연구에 따르면 소유물, 공장과 장비 같은 기업의 유형자산은 공개적으로 거래되는 미국 기업 평균 시장가격의 15퍼센트밖에 안 된다.

다시 말해서 대차대조표에 나타나는 유형자산으로는 미국 기업의 시장가치를 15퍼센트만 설명할 수 있다. 가치의 85퍼센트는 무형자산(대차대조표에 나타나지 않는 자산)과 관련이 있고, 기업의 인적자본은 무형자산에 포함된다.

회사의 인적자본(무형) 자산을 관리하고 주도하는 훈련을 전략적으로 발전시키는 HR이 중요한 이유가 이것이다. 이것은 직원을 자산으로 관리하는 것을 넘어 인재를 경쟁우위의 요소로 관리하는 것을 말한다.

이것은 회계 전문직, 재무회계 표준위원회FASB, CFO에 인적 자본을 어떻게 무형자산(20년 전과는 달리 회사의 가치에 분명히 관련되는 것이다)으로 간주할 것이냐 하는 문제에 책임감을 부여해야 한다.

이 장에서 말한 내용과 일치하는 견해를 가지고 있는가, 다른 견해를 가지고 있는가?

🛡 에필로그

이 책에서 나는 오랜 친구이자 미국 비밀경찰국장인 마크 설리번 이야기를 했다. 뉴햄프셔 맨체스터의 세인트 안젤름St. Anselm 대학 동문인 마크는 2007년 학교 졸업식 때 축하 연사로 초청받았다. 나는 이 졸업식에 참석해서 마크의 연설을 들었다.

연설 주제는 도덕적 용기였다. 마크는 직장을 구하고 가정을 책임지는 등 인생의 문제에 부딪칠 졸업생들에게 성 프랜시스 드 세일즈St. Francis de Sales 예를 들었다. 나는 이것이 이 책을 통해 말하고자 한 리더십 통찰력을 요약한 것이라고 생각한다.

어떤 인생을 살든지(사업을 하든지, 공무원이 되든지, 가족이나 친구를 중시하든지) 나는 이 말이 바탕에 깔려 있다고 생각한다. 내가 당신에게 해줄 마지막 말은 이것이다.

"당신 자신이 되어라. 그리고 올바르게 살아라."

"당신은 CEO가 될 능력을 갖추었는가?"

아래 열거한 항목을 통해 당신이 CEO가 될 자질을 갖추고 있는 지 평가할 수 있다. 당신 자신만 볼 수 있기에 정직하게 체크해야 한다.

> 점수 계산하기 : 총점에서 40으로 나누어라.
>
> 5 : 항상 그렇다.   4 : 대체로 그렇다.   3 : 가끔 그렇다.
>
> 2 : 드물다.   1 : 전혀 그렇지 않다.

1. 회사의 절박한 경영상의 문제점을 적극적으로 이해하려고 한다.
2. 남에게 협력을 구할 때 영향을 미칠 수 있는 방법을 적어도 3개 이상 가지고 있다.
3. 일의 실행과 결과에 대해 개인적으로 책임감을 느낀다.
4. 재무 분석을 하거나 회사 경영에 대해 설명할 때 마음이 매우 편하다.
5. 회사의 P&L 목표와 대차대조표를 이해한다.
6. 회사 재무 건강의 주요 지표를 확인할 수 있다.
7. 회사 재무 성과의 주요 지표를 확인할 수 있고, 이 지표가 보여주는 추세와 패턴, 그리고 비교(경쟁에 대한) 분석을 분명히 말할 수 있다.
8. 회사의 가능성 곧 회사의 장단점이 무엇인지 확실히 이해하고 있다.

9. 우리 회사를 경쟁사와 차별화하는 것이 무엇인지 구체적으로 말할 수 있다.

10. 회사의 목적, 목표, 주요 전략 도전과제를 명확하고도 자신 있게 말할 수 있다.

11. 회사가 목표를 달성하는 데 필요한 조직을 이해하고 있다.

12. 회사의 핵심 단기 성공 기준과 장기 성공 기준을 이해하고 있다.

13. 시장과 업계에 영향을 미치는 외적 요인과 문제점을 이해하고 있다.

14. 나의 일이나 조직의 일에 영향을 받는 최고 이해관계자를 확인할 수 있다.

15. 조직이 이용할 수 있는 기회를 잡기 위해 비즈니스 환경을 적극적으로 조사한다.

16. 경쟁사가 무엇을 하고 있는지에 대한 정보를 적극적으로 캐낸다.

17. 회사가 시장에 제공하는 제품과 서비스에 대해 유창하게 말할 수 있다.

18. 우리의 비즈니스, 핵심 능력, 기술을 보완할 전략적 관계(제휴, 조인트 벤처, 파트너십 같은 것) 개발을 충분히 도와주었다.

19. 결과에 책임지는 사람에 대해 끝까지 밀어줄 구체적 방법을 가지고 있다.

20. 조직의 직원 참여 수준을 높이기 위해 조치를 취했다.

21. 내 일과 조직이 직면한 문제에 늘 한 걸음 앞서 나가 있다.

22. 조직의 비즈니스 목표를 실행하기 위해 구체적 조치를 취했다.

23. 소속 부서 전략을 회사 전체 전략과 결부시켜 다른 사람(스태프, 이해관계자, 파트너)에게 설명해 준다.

24. 대인관계 네트워크인 노후(Know-Who)를 조직 내에서 확대하려고 노력한다.

25. 우리 능력을 최고의 것으로 만들고 다른 경쟁업체가 흉내 내기 어렵게 만드는 조치를 취했다.

26. 조직 내의 사람들이 우리의 비전과 목표를 행동으로 연결하도록 도와준다.

27. 우리 회사와 업계 안에서 일어나는 중요한 발전과 사건에 대해 정보를 제공해줄 외부 사람과 꾸준히 접촉한다.

28. 떠오르는 업체와 경쟁 추세를 확인하기 위해 노력한다.

29. 내 전문 분야에서 뒤처지지 않도록 꾸준히 노력한다.

30. 재무 용어나 전략 용어를 사용할 때 전문 분야 용어를 사용하는 것처럼 편안하다.

31. 회사의 가능성을 잘 알고 어떤 가능성은 장점으로 남겨두고 또 어떤 능력은 개발되도록 하는 계획을 세웠다.

32. 시스템, 프로세스, 조직 문화가 단순한 기능 체제를 넘어 상호 간에 협력을 촉진할 것으로 확신한다.

33. 조직에 장기적으로 필요한 것과 단기적으로 필요한 것에 주의를 기울인다.

34. 비즈니스 성공에 기여한 사람에게 적절한 보상을 해준다.

35. 예산을 세우고 그 예산을 성공적으로 관리했다.

36. 회사가 고객에게 가져다주는 가치를 명확히 설명할 수 있다.

37. 소속 부서가 회사에 기여하는 가치를 명확히 설명할 수 있다.

38. 말하는 시간보다 듣는 시간이 더 많다.

39. 최근에 다른 사람에게 3개 이상의 솔직한 피드백을 해주었다.

40. 누구를 섬기고 어떻게 그 사람을 섬길지 분명히 말할 수 있다.

4점~ 5점 : 당신은 CEO로서 비즈니스 재능, 탄탄한 대인관계, 리더십 기술을 가지고 있다.

3점 이하 : 당신의 역할을 높일 기회를 충분히 이용하지 못하고 있다.

점수가 낮게 나온 사람은 자신과 조직에 다음과 같이 묻고 비즈니스 능력과 리더십 역량을 키워나가야 한다.

첫째, 나는 무엇을 '멈추어야' 하는가, 무엇을 '시작해야' 하는가, 무엇을 '계속해야' 하는가?

둘째, 점수를 1점이라도 올리기 위해서 '당장' 할 수 있는 한두 가지 일은 무엇인가?

비즈니스 능력과 리더십 역량을 높여주는

리더십 인사이트

2009년 11월 7일 초판 발행

지은이 ㅣ 마이클 앤드류
옮긴이 ㅣ 정규보
펴낸이 ㅣ 이종헌
만든이 ㅣ 최윤서
마케팅 ㅣ 정현우
펴낸곳 ㅣ 가산출판사
주 소 ㅣ 서울시 마포구 신수동 85-15
         TEL (02) 3272-5530~1
         FAX (02) 3272-5532
E-mail ㅣ gasanbook@empas.com
등 록 ㅣ 1995년 12월 7일(제10-1238호)

ISBN 978-89-88933-88-6 03320

* 값은 뒤표지에 있습니다.